Poets and Poetry
of
The Great Blasket

Filí agus Filíocht
an
Bhlascaoid Mhóir

Map by Alexander Hogg (1784)

Poets and Poetry
of
The Great Blasket

Filí agus Filíocht
an
Bhlascaoid Mhóir

Translated and edited
by
Séamas Ó Scannláin

MERCIER PRESS

MERCIER PRESS
Douglas Village, Cork
www.mercierpress.ie

Trade enquiries to COLUMBA MERCIER DISTRIBUTION,
55a Spruce Avenue, Stillorgan Industrial Park, Blackrock, Dublin

ISBN: 1 85635 416 4

10 9 8 7 6 5 4 3 2 1

TO PATRICIA

The publishers gratefully acknowledge the financial assistance of the
Arts Council/An Chomhairle Ealaíon

Printed in Ireland by Colour Books Ltd.

Contents

Acknowledgments

The poems of Piaras Feiritéar (Pierce Ferriter) published here are based on those in the 1903 and 1934 editions of *Dánta Phiarais Feiritéar* by an tAthair Pádraig Ó Duinín. The poems of Seán Ó Duinnlé are based on those in *Duanaire Duibhneach* by Seán Ó Dubhda (1933). The poems of Mícheál Ó Gaoithín (Mícheál O'Guiheen) are a selection from his book *Coinnle Corra*, published by An Clóchomhar Tta. (1968) and the extracts from *Marxism and Poetry* by George Thomson are by permission of Laurence and Wishart Ltd., London.

I wish to acknowledge my debt to the following, for permission to use the photographs published: *The family of the late Professor George Thomson (Seoirse Mac Tomáis)* for George Thomson, the youthful Mícheál O'Guiheen, with Maurice O'Sullivan and a view looking from the Blasket towards Doonanore, Ballyferriter; *An Canónach Seán Terry* for the following by *An Canónach Mícheál Ó Duibhir:* The Great Blasket (1937), the Blasket community after Mass and Tomás Ó Crohan's house on the Great Blasket (1937); *Clódhanna Teoranta* (from *An Muirchheartach*): Mícheál O'Guiheen and Peig Sayers; *Department of Irish Folklore (UCD):* Dr Robin Flower with Tomás O'Crohan and Ferriter's Castle at Dún an Óir; *Dúchas:* Shanid Castle, Co. Limerick.

Thanks to Tom Kenny of Kenny's Bookshop in Galway for the map by Alexander Hogg.

Special thanks to Paul Gormley for his technical expertise and to Sir Adrian Fitzgerald, Knight of Kerry, for his support and encouragement.

George Thomson

The Poetic Heritage

The poetic heritage of the Great Blasket can be traced to the bardic poems of Piaras Feiritéar (Pierce Ferriter). Piaras was a soldier-poet and a Norman-Irish aristocrat of the first half of the seventeenth century. His castle still stands at the edge of the cliff in the civil parish of Ballyferriter. The Blasket island also belonged to the Ferriter family through the gift of the Earls of Desmond, and on maps of the period the island is clearly designated as Ferriter's island. Three centuries after his death in 1653 Piaras was still a heroic icon among the island people. Nóra Ní Shéaghdha (Nora O'Shea), a teacher from the mainland working on the island, remarks as follows in *Blasket Memories* (Mercier Press):

> Though I was the teacher, the people of the Blasket taught me a lot, because that is where I first heard of, and got my first insight into, the heroes of our own area. The greatest of them was the poet Piaras Feiritéar. His poems were on the lips of the old people of the place and they'd introduce some verse of his into every conversation. I remember Seán Mhicil Ó Súilleabháin. He was full of the poetry of Piaras, and of Seán Ó Duinnlé (pronounced Ó Dueenlay), and of the other poets and famous people such as Plato.

Nóra went to the island in 1927. The years that followed experienced a unique literary flowering that, until then, had lain dormant within a shared oral inheritance. George Thomson, then a student of classical Greek at Cambridge, arrived on the island in 1923. Thomson mastered Blasket Irish, as well as becoming an authority on Greek poetry and drama. By the time he published *Greek Lyric Metre* in 1931, he had been appointed lecturer in Classics through the medium of Irish at University College, Galway. When he was translating the Homeric poems into Irish for his students, he was also literary mentor to his close friend Maurice O'Sullivan, then a policeman in Inverin (15 miles west of Galway). Maurice had begun to write *Fiche Blian a' Fás (Twenty Years A-Growing)* – a book that was to receive international acclaim.

In his publication on poetry and its origins, *Marxism and Poetry*, Thomson wrote years later:

> To most English people English poetry is a closed book. They neither know nor care about it. And even the few that take an interest in it, there are not many even of these of whom it can be said that poetry enters largely into their daily lives. Among the Irish [i.e., Blasket] peasantry it is quite different. For them poetry has nothing to do with books at all. Most of them are illiterate. It lives on their lips. It is common property. Everybody knows it. Everybody loves it. It is constantly bubbling up in everyday conversation. And it is still creative.

In drawing a parallel with the poets and poetry of classical Greece, Thomson continues:

> … In a village I knew best [The Great Blasket], there was a famous poet who died about forty years ago [Seán Ó Duinnlé]. His poems were nearly all improvised and occasional … Turning back after these experiences to Greek poetry, I could not help asking myself, did the Greek poets Aeschylus and Pindar, for example, compose their poetry like ours, with pen paper and deliberation, or did they compose like that illiterate Irish poet in a sort of trance?

On another occasion on the Blasket, Thomson met an old woman friend of his at the village well:

> As she spoke she grew excited, her language became more fluent, more highly coloured, rhythmical, melodious, and her body swayed in a dreamy cradle-like accompaniment … This unpremeditated outburst from an illiterate old woman with no artistic pretensions, had all the characteristics of poetry. It was inspired.

It was on the precapitalist Blasket of the 1920s that Thomson found a parallel with the Greece of Homer:

> Then I went to Ireland. The conversation of those ragged peasants as I learnt to follow it astonished me. It was as though Homer had come alive. Its vitality was inexhaustible, yet it was rhythmical, alliterative, formal, artificial. His (Homer's) was artificial. Yet strange to say this artificiality was natural. It was the language of the people raised to a higher power.

Dr Robin Flower in his book *The Western Island or the Great Blasket*, writes in a similar vein of the poetic rhythms in Blasket speech. Of his visit to Peig Sayers he writes:

> For Big Peig or Peig Mhór is one of the finest speakers on the island … She is a natural orator, with so keen a sense of the turn of phrase and the lifting rhythm appropriate to Irish, that her words could be written down as they leave her lips and they would have the effect of literature with no savour of the artificiality of composition.

Shakespeare, whose latter years were contemporaneous with Pierce Ferriter's youth, may have written the following (with reference to England) for John of Gaunt in the play *Richard II*, but in a different context, and from a different perspective, the lines apply to this unique island:

This other Eden, demi-paradise,
This fortress, built by Nature for herself
Against infection and the hand of war.
This happy breed of men, this little world,
This precious stone set in the silver sea,
Which serves it in the office of a wall,
Or as a moat defensive to a house
Against the envy of less happier lands.
This blessed plot, this earth, this realm, this [Blasket].

The Poets

Piaras Feiritéar (Pierce Ferriter) 1603–1653

We can only guess at Piaras' year of birth, but his death in 1653 at the hands of the Cromwellians is well established. He had gone to Killarney, presumably to negotiate a settlement, and there he was court-martialled and executed. If it is reasonable to assume 1603 as his year of birth, then his birth coincides with the death of Elizabeth I, and his boyhood years are contemporaneous with the ageing Shakespeare.

Piaras belonged to the old Catholic Norman-Irish aristocracy. His ancestors held their lands (including the island which bore their name) from the Earl of Desmond. As a well-connected soldier-poet Piaras was a popular figure among both the English and Norman-Irish gentry. One of his beautiful and expressive love poems is addressed to Meg Russel cousin to the Earl of Bedford:

> Meg Russel, Saxon noble,
> Distinguished star of a freeborn clan;
> An apple golden I have loved a space
> Sun and glory of her sex and race.

Interestingly, on 2 November 2002, an obituary was published in the *London Times* for John Robert Russel, thirteenth Duke of Bedford.

Piaras' splendid elegy for Maurice Fitzgerald, son of the Knight of Kerry, who died in Flanders in the service of Spain, manifests a personal friendship with Maurice, and with the titled Fitzgeralds.

A poem expressing thanks for the generous gift of a beautifully crafted harp from Éamonn Mac a' Daill, of Baile Mhic a' Daill (pronounced Macadueel), displays a cultured man, skilled in playing and appreciative of such an instrument. The Mac a' Daill family were neighbours who lived at what is now known as Burnham, under the Martello tower over Dingle harbour. The Mac a' Daill family and the Ferriter family are both recorded in the 'Fiants of Elizabeth 1'.*

In *Aisling Ghéar*, Breandán Ó Buachalla's exhaustive study of Catholic Ireland's relationship to the Stuart kings, Ó Buachalla quotes the following extract from the Calendar of the State Papers for Ireland(1660–2: 24). The extract is from the declaration, by Charles II, newly-returned from exile. It is a statement of intent to restore lands to loyal Irish noblemen, lands which had been confiscated under Cromwell:

> Major Dominick Feriter... be restored to his estate. His father, Capt. Pierce Feriter, acted loyally in the late war; sheltered many English Protestant families, and was at length put to death by a court martial of the usurper. The son has also been loyal ...

Seán Ó Duinnlé (Seán Dunleavy) 1812–1889

Two hundred years separated Pierce Ferriter from Ó Duinnlé, a name usually anglicised as Dunleavy. These were two centuries of dispossession, religious intolerance and a harsh capitalist philosophy unsympathetic to the Irish peasantry. The poetry of Seán Ó Duinnlé mirrors those changes. One of his poems deals with the eviction of the Ferriters by the De Moleyns landlord whose residence was at Burnham, Dingle. Gone forever is the aristocratic family of Mac a' Daill; the townland which bore their name had become the seat of the new landlords, and the townland anglicised and renamed Burnham.

Like many of his people, Ó Duinnlé was without formal schooling. He was technically 'illiterate'. He was not born on the island, and earned his living by hiring himself out as a harvest labourer as far away as North Kerry. His poetry constantly reflects the fact that his soul was never for hire. In Gray's 'Elegy Written in a Country Churchyard', the following refers to the generality of a peasantry, but can never apply to Ó Duinnlé:

> Knowledge, to their eyes, her ample page,
> Filled with the spoils of time did ne'er unroll;

* *These fiants are explained in Appendix 1*

14

Chill penury repressed their noble rage,
And froze the genial current of their soul.

His *joie de vivre* and a noble, unrepressed arrogance is ever springing in his poetry. He graduated from the university of the road, the annual congress of migrant harvesters, lords of language, and masters of the satirical as well as the generous verse.

In Dr Robin Flower's *The Western Island or the Great Blasket*, he speaks of Ó Duinnlé:

> It is a constant theme of Tomás [O'Crohan] that we have come too late and that Seán died too early. 'If only the things he had to tell could have been written down,' he says, 'you would have seen something. For he never forgot anything that he had heard once, and he had travelled the world listening, and there was no song or story or saying, that he did not keep in his memory till the day he died. You would listen to him talking all night, and he would never say the same thing twice in the one night. There are no tales in the island now since he died.'

What a compliment from such a discerning master as O'Crohan. George Thomson speaking of Ó Duinnlé, considers him in the company of the Greek poets Aeschylus and Pindar, and writes 'This man was of course exceptionally gifted'.

Mícheál Ó Gaoithín (Mícheál O'Guiheen) 1904–1974

Ó Gaoithín was the last of the official Blasket poets, and his leaving the island for the mainland in 1942, marked the beginning of what became a final exodus and resettlement of all the Blasket residents in Dún Chaoin in 1954.

Ó Duinnlé was of the nineteenth century, of Famine Ireland and its chill poverty. Ó Gaoithín was of the twentieth century, of the Gaelic revival, of a risen nationalism and political independence. Mícheál was the son of Peig Sayers whose published biography made her a revered icon of Blasket literature. His father Peatsaí Ó Gaoithín (known also as Peatsaí 'Flint') was a member of that crew immortalised by Ó Duinnlé in the poem '"Beauty" Deas an Oileáin' ('Lovely "Beauty" of the Isle'). Though he received conventional education at the island school, his soul and spirit were shaped by island tradition, where articulate, audience-riveting poet-storytellers were held in the highest esteem, equal to that of the cliff-climbers whose physical gifts and courage received a large measure of admiration in island folklore.

After his father's early death, and the emigration to America of his brothers and sisters, Mícheál decided that he too would follow the rest to the El Dorado of Boston. This was around the year 1930. Facing economic depression and its accompanying discouragement, Mícheál returned again to his pre-capitalist island community, where he became scribe of his mother's books in Irish. He also wrote his memoirs – *A Pity Youth Does Not Last*.

In 1942, his mother, brother-in-law, and Mícheál moved to a cottage in Baile Bhiocáire, in Dún Chaoin, the very plot from which Peig as a young girl had married into the island. The original occupiers of the cottage, also Ó Gaoithín, had transferred to Tailteann (Teltown), Co. Meath, under a land resettlement arrangement. Next door, once upon a time, had been a daughter of the poet Ó Duinnlé. Here Mícheál wrote his poetry and received visitors. He also worked as a collector for the Irish Folklore Commission. In this 'glen' his poems reflect his oppressive personal loneliness. This loneliness can be sensed in the title for his memoirs.

In 1968, he published a collection of his poems under the title *Coinnle Corra* (An Clóchómhar). These are the lyrics of a man deeply touched by loss: loss of youth; loss of friends; loss of romance; loss of a supportive society.

George Thomson has the last word. In a foreword to *A Pity Youth Does Not Last* he writes perceptively of Ó Gaoithín:

> I met him on my first visit to the island in 1923, and we became close friends. He was different from the other boys – studious and introspective ... His story is very different from Maurice's [Maurice O'Sullivan], because he lacked Maurice's joie de vivre; yet when it came to a choice between the old world and the new, they both chose the old. If Mícheál had 'made good' in the New World, he might have had a happier life. But then this last of the Blasket poets and storytellers would have left no written memorial.

Dr Robin Flower with Tomás Ó Crohan, author of The Islandman

Shanid Castle, near Shanagolden, Co. Limerick

Ferriter's Castle at Dún an Óir, Ballyferriter

Piaras Feiritéar (Pierce Ferriter)
1603-1653

Mo thraochadh is mo shaoth rem ló thú

Mo thraochadh is mo shaoth rem ló thú
A Chiarraíg, it chian-luí i gcomhrainn
Mo chreach, t'fheart thar lear i bhFlóndras
A Mhuiris mhic an Ridire, ó Flórens.   4

Cé mór an crá thárthuigh rómhat
Ní raibh blas ná dath ná tóirse air
Dá ríribh gan fuíoll gan fóbairt
Fám chroí-se, gur scaoileadh do sceol-sa.   8

M'úidh leat is mo shúil go mór riot
'San chinniúin do chiorrú na comhairle
Mar do rug an cnoc luch mar thóircheas
'S é seacht mbliana i ndiachair tórmaigh.   12

An uair do chuala guais is gleo-nimh
Sí-bhan na dtíortha ag comhghol
Do sceinneas is do shíreas do chomhadach
Ar Chríost, is fairíor níor dheonaigh.   16

Do bhí Áine Chnuic Áine dot fhógradh
Is bhí guil ag Loch Guir na ngleo-fhear
Caoi ag mnaoi bhinn i nGlinn Fhógra
Is Gearalt-chaoi ag Seanaid-mhnaoi id chóngar.   20

D'admhuigh bean do cheart ar Eochaill
Bean-sí ag Móigíle do chomhgas
Íbh Mac Caille is Cathrach Móna
Is Cinéal mBéice ag dréim re deoraibh.   24

Do ghlac eagla an Sasanach sóúil
I dTráilí na rí-fhear ór thóismhis
Bean-sí dot chaoineadh ina dhóirsibh,
Gur shíl gurab é a dhíbirt do fhógair.   28

My desolation and my lifelong woe

My desolation and my lifelong woe
O noble Kerry, is that you are forever in coffin laid
My depredation is your fate in Flanders o'er the brine
Dearest Maurice, son of the Knight, noble Florentine.   4

Prior to this no great anguish
Pierced the armour of my heart
Bland sorrows all, without consequence or threat
Until the heralding of your untimely death.   8

I held great hopes for your returning
But fate abruptly intervened
As the mountain's seven year gestation
Brought forth a mouse and disappointed expectation.   12

When first I heard the anguish and the battle din
The banshees of the Baronies in chanted lamentation
To Christ I sped with pleas to grant you heaven's shielding
All, all in vain, in vain was my pleading.   16

Áine from Knock Áine was proclaiming your fate
O'er Lough Gur of daring war-men rose the plaint
In Glin-ogra a sweet-voiced shee was softly crying
While your native shee o'er Shanid mourned a Geraldine.   20

Your hereditary rights to Oghill were proclaimed
The banshee of Mogeely kinship claimed
From Imokilly and Cahir Mona rose equal attestation
To Kinawlmakey, in throes of lamentation.   24

In Tralee, seat of your noble forebears
The sumptuous Saxon grew anxious and afraid
Hearing on his doorstep a banshee, for you, in lamentation,
Construed it as foreboding his imminent extirpation.   28

Ins an Daingean níor chaigil an ceol-ghol
Gur ghlac eagla ceannaithe an chnósta
Dá n-eagla féin níor bhaol dóibh sin
Ní chaoinid mná-sí an sórt soin.   32

Bean-sí i nDún Chaoin ag brón-ghol
Is bean dúchais mo Dhún an Óir-se
Bean bhinn-scol Ínseach Móire
Cois Féile, fá éag óg-scath.   36

Ar Shliabh Mis níor chis an mór-ghol
'S ar Shliabh fionnaghlan Fiolair na feola
Ar Chruachaibh na Tuatha do thóscuin
'S ar Chnoc Bhréanainn, bréid-gheal, bómhar.   40

D'aithníos ar an Eas-sín dtóirnigh
'S ar an bhfuil-chith do thuit san bhfómhar
Ar shéideadh na réalta cóimeit
Éag Chaesair, nó t'éag gur fhógair.   44

Gídh a ghleacaí, a chaptaoin chróga
Tig do dhamuin in aislinge sról-chuilt
Ionam féin, mo shaoth, gur thómhaiseas
T'éag-sa tar éag Chaesair Rómha.   48

Mór bhfile nár filleadh i gcómhad
In amhras ar fheabhas a n-eolais
D'eagla ná beadh d'eagna leo san
Marbhna nach ba mharbhna cóir duit.   52

Mór bhfaraire nár shatail ar Eoghanacht
Ba thnúthach let chlú is tú beo aca
Lér bh'anacrach dul d'acfuinne tórsa
Dot chumha-sa go brúite brónach.   56

Mór maighre ba mhaighdean rómhat
Nár bh'aithreach gur chlas di t'óg-chur
Is tú gan gangaid gan mheanga ach don tsórt soin
Ón ar mheallais a hanam 's a hóigheacht.   60

O'er Dingle unabated rose the mournful chant
Which filled with dread its wealthy merchant princes
In them this weeping should stir no fears
Their ilk is never honoured by a banshee's tears.   32

O'er Doon Chaoin a banshee is in doleful weeping
And so is the native shee o'er my own Doon-an-ore
The melodious one of Ennismore on Fealeside
All mourn that a gallant youthful hero has now died.   36

O'er Slieve Mish the weeping is undiminished
O'er Mount Eagle of the royal bird of prey
O'er the Reeks of Thooha first the chant was raised
O'er the peak of Brandon, wool bright, beef grazed.   40

I knew by the thunder tempest
I knew by the comet stars
I knew by the blood-red shower of autumn
A great Caesar's death, or yours was augured.   44

O great gladiator, O captain fearless
Though your fate revealed itself in quilted dream
Yet in my inner self I had deduced
The auguries were not for Roman Caesar but for you.   48

Many a poet unsurpassed in bardic skills
Doubting the class and perfection of his gifts
Doubting his status as your equal in intelligence
Hesitated to pen an elegy worthy of your elegance.   52

Many a swordsman who has never stepped on Owenaght
Aspired to surpass you in reputation
In life your opposing valour denied them fame
In death they mourned your extinguished flame.   56

Many an elegant maiden, a virgin ere knowing you
Untouched by regret till news of your death received
You without malice or a deceiving smile
Except of the kind her heart and virginity beguiled   60

Mór spéirbhean chéadfach i gcóiste
Nár líoghadh ach ós íseal beo oraibh
D'éis t'éaga, fá bhréidibh sróill duibh
Ag éad lén a chéile fóibh-se.   64

Mór maoith-bhean aoil-chuirp is omr'-fhuilt
Dá gcíoradh gan chíor ach a gceol-ghlac
Iar dtraochadh dos na téadaibh órga
Is a mbuíochas ag an ngaoith ar a hóige.   68

Iomdha rí-bhean mhíonla mhómhar
Fá ghlas dúnta i gcúil dá seomra
Nár lig eagla carad di glór-ghol
Dot chaoineadh lé híobairt a ndeora.   72

In amhras an marbh nó beo dhí
An uair is mithid léi a thuigsint 'na hógchruth
Mar thug t'annsacht anriocht beo uirthe
An dtug dearbh do mhairbh níos mó dhí?   76

Do chídh mar do dhíol an rós-dath
Ar mhí-lí ba shaoilí ná gósta
Is é a scáthán an scáthán scólta
Na laganach ó fhras-shil a póir-dhearc.   80

Dá silleadh sin t'inneall is t'óg-chruth
Do chreidfeadh Bhénus éirí Adónis
Is dá bhfeiceadh tú it armaibh dó-fhulaing
Bhulcánus dot ghabháil mar ghleo-Mhárs.   84

Tug do ghaisce duit gairm is glóire
Tug fá deara duit i n-armaibh t'óirneadh
Tug gradam duit tú a ghlacadh ar dhóid ghil
Rí Pilip, is níor mhistide a mhórgacht.   88

Loinne, laochas, léann is leontacht
Oineach, anamacht, eagna is eolas
Mire, míollacht, míne is mórtas
Ar altromas gur ghlacais-se go t'chróchur.   92

Many a handsome, composed, carriage-borne lady
Adored you in life secretly and subdued
But at your death, in black satin they came, daring
To openly show their jealousy of your love's sharing.   64

Many a tender lime-limbed auburn fair
Combs her hair with no comb but her slender fingers
Bursting the golden bindings of her tresses
Flings them to the wind, which now her youthful hair caresses.   68

Many a high-born elegant noble
In shadowy chamber behind tight locked door
Fearing loud lamentation's betrayal to household ears
Pours for you in silence the full libation of her tears.   72

In suspended state between life and death
When it was time for her young body to comprehend
How your affections had caused her wretched transformation
Did she not suffer even more at your death's confirmation?   76

She saw how her cheek fair the colour of the rose
Had changed to the pallor of a ghost
Her mirror was a mirror scalded
By the pools her well-bred eyes had shed unhalted.   80

Had Venus seen your youthful frame and visage
She would believe Adonis again had risen
Had she seen you in invincible armour prepared for war
She would believe Vulcan had arrayed you as the war-god Mars.   84

Your valour earned you fame and glory
Ordained you as an officer of high rank
The honour of King Phillip's hand you gained,
Your hand not unworthy of the Majesty of Spain.   88

Strength, chivalry, bearing, fortitude
Honour, spirit, wisdom, knowledge
Mirth, gentleness, refinement, pride
Were fostered in your person till you died.   92

Cia ag ar fhágais t'áille is t'óige
An chneas ar shnua uain na bóchna
An leaca ar lí ghrís an óig-lil
'S an dreach ar dhath na leag lóghmhar?   96

Cia dár thiomnais ionmhas t'ór-fhuilt
Ciabh dhíogach na linnte lóghmhar
Léithreacha mhic Bhéinis dóid-ghil
Gach cuach, is gach ruainne it ró-fhad fholt.   100

An ríghe reamhar 's an cealltar comhardach
An teanga mhall ar gheall gur chomhaill
An troigh thréan 's an taobh mar shról gheal
An ionga chaol, 's an béal mar pórphur.   104

Do chleasaíocht ag marcaíocht móir-each
Do stairíocht le sean-scríbhinn seolta
I bpionsa go n-ionlas t'eolas
Ó dhígnit píce go bóidcin.   108

T'fhoistine nár blódhadh le bóstuinn
'S do bhandacht le bantracht beol-tais
Do shoirbheas in am coda is comhroinn
Do dhoirbheas in am colg is comhlann.   112

Cia bhus oidhre dot shaibhreas seoide?
Cia dhearscnas an dán it dheoidh-se?
Gan bheith is é let mhéaraibh pósta
Cleite gé, is tú ag déanamh cló ris.   116

Cia chuirfeas, mar do chuiris i mbeo-riocht?
Ag insint t'intleachta is t'eolais
Ag tabhairt teangan dí, is anam a dóthain
Soileach mharbh nár bhalbhuigh feodhadh.   120

Ba let bhannaíbh aiscí thórsa
Is ba leat féin an méad nár leo-san
A mbuíochas sin is é ba stór duit
Is do bhuíochas-sa go léir, a lón sin.   124

Who is heir to your youth and beauty
The skin's complexion unblemished as the calm sea
The cheek, the opening lily's blush in likeness
The countenance as precious stones in brightness?　　　　96

Who inherits your wealth of golden tresses
A wavy crest of sparkling pools
Bright fingered Cupid's snares
Each ringlet and each strand of your long hair.　　　　100

The strong arm, the proportioned feature
The considered speech a guarantor of promise
The vigorous foot, bright satin the flank and hips
The slender finger and the porphyry lips.　　　　104

Your skill in the riding of steeds
Your scholarship in learned manuscript
In arms your splendid knowledge
From the bodkin to the long pike's carriage.　　　　108

Your composure never puffed by boasting
Your delicacy among soft-spoken ladies
Your cheer in the sharing banquet
Your sullenness in the bristling conflict.　　　　112

Who is the heir to your wealth of talents?
In your absence, who shall create the verse?
No longer are your fingers wedded to the quill
That goose quill with which you wrote and is now still.　　　　116

Who shall compose as you could while alive?
Displaying your intelligence and knowledge
The dead reed you animated and envigoured
In your hands was eloquent though withered.　　　　120

You were liberal with your bondsmen
You never violated what was theirs
Their gratitude was your abiding treasure
Your gratitude was their sustaining measure.　　　　124

Níor thaodach do dhaonnacht dó-chleith
'S do bhaochas cléirigh is comhaid-fhir
Níor éarais éarla ná óinmhid
'S níor aorais méirdreach ná geocach.   128

Do rugais do rogha ba rogha go deoin dom
Mar dhíol i bhfíontaibh 's i bhfeoltach
Mar dhíol i gcíos-fhleidh 's i gcóisribh
I ndícheall tíortha ar do thórramh.   132

I ndúthracht 's i gcumha do chomh-fhogais
I gcaoineadh aois-fhear is óig-fhear
In atuirse sean-bhan gan fóirthin
Dearbhthar, 's in adchumha óg-bhan.   136

Do hadhlacadh tú in aghaidh mo thóichim
Is íslíodh pící chun dóibe
An druma ba ghlonnmhar glórach
'Na ós bhalbh ót mharbh 'na thómas.   140

Muscaeid is a nduibh-bhéil fótha
Halabairt is a mbarra le fódaibh
Bratacha is iad ceangailte cnósta
Láimh re talamh dá mannar gan mórtas.   144

Do chlaíomh ba ghníomhach i ngleo-bhroid
Lomnochta ar onachoin óig-fhir
Do mholárdach sholámhach is t'ór-spuir
Go n-ionnlas dá n-iompar rómhat.   148

Coirnéal gan oil-bhéim eolais
Is captaoin ó gach glan-chrích d'Eoraip
Go stuama in uain 's in órdeir
San oirchill fá chosaibh do chróchair.   152

Céad fear det ghaoltaibh feola
I libhré i ndubh-éadach rómhaibh
T'armus is é tarraingthe ar ór-dhath
Rónta ar an bbhfoghail-chath bhfórsach.   156

Your generosity a stream discreet and constant
As was the gratitude of the cleric and the bard
You refused not the high born earl or the fool
You lampooned neither harlot nor the vagrant poor.   128

You have got your wish, which is also mine
In recompense for the wining and the dining
For the rent feasts and the merrymaking
The lands' richest tables were at your waking.   132

In the earnest grieving of your people
In the old and young men's keening
In the old women's gloom without relief
There's confirmation; and in the young women's doleful grief.   136

On my journey out you were interred
When pikestaffs were lowered to the earth
The usually loud and arrogant drum
Respecting your death was silent and dumb.   140

The muskets' dark mouths faced the ground
The halberds' point was in the sod
Regimental standards furled and tied
Close to the ground without wonted pride.   144

Your sword so active in the press of battle
Unsheathed against young dogs of war
Your gauntlet dexterous and spurs golden
Splendid they shone, being solemnly borne.   148

Colonels flawless in military affairs
And captains from all lands of Europe
Solemn in order and formation
Ready to bear you to your final station.   152

One hundred men of your blood relations
Black-liveried, before you, were arrayed
Your coat-of-arms raised in shining gold
Seals over rapacious battle scenes of old.   156

An uair do glacadh sa talamh do chomhra
Dá mba mhaidean lasaithe an lóchrann
Do dhéanfadh oíche chíor-dhubh ceo dhi
Lé smúit an phúdair do dóigheadh ort.   160

Gach saighdiúir ag deimhniú a eolchair
Ag dúbláil cumha-rá fá dhó dhuit
An túiseáil d'úr-bhá a dheora
Go dtiormaíodh léna osnaibh dóite.   164

Cérbh í an mhaidean an eachtra a thóscuin
Is cér ghearra ón eaglais do nós-bhrog
Do b'éigean le méid an mhórtais
Buíochas ar an gcéir um nóna.   168

Naoi gcaogaid de chléireachaibh corónta
Deifireach in ionaraibh órga
Sagairt na salmach gan chomhaireamh
Is easbuig an deachmha ar do thórramh.   172

Muna mbeadh a mhéid de theidhm dómhsa
Is ualach nach ualach comhthrom
Is maith do chaoinfeadh mo chroí bróin tú
I gcaoin-bhers nár mhílse ag Óibhid.   176

Gidh do b'éagóir, a ghrian-eoil nóna
Nach tú is aoirde chaoinfinn d'Fhódla
Nach é is dílse chaoinfeadh dóibh tú
Do Phiaras, ba phiarla it phóir-dhearc.   180

Fá tú dom an tan ba bheo tú
M'urra síth, mo scíth tóirse
Furtacht m'éigin, éide m'fheola
Comhla m'árais, fál mo thórraimh.   184

Mo dhíon tuaithe, mo bhuachaill bó-eallaigh
Mo stiúir árthaig ar lár bóchna
Mo mhaide láimhe i mbeárnain dó-fhulaing
Mo chrann bagair sa mbaile is tú i bhFlóndras.   188

When your coffin was laid in earth
Had the lantern light been the morning sun
Into a pitch-black night it would have turned
By the fog of the powder burned.   160

Each soldier attesting his dismay
Over and over uttered words of desolation
The measure of the tears he cried
By his grieving searing sighs were dried.   164

Though these events began before the noon
And your residence was close to church
Such was the muster and pomp of the occasion
The late noon needed candles for illumination.   168

Nine fifties of tonsured clerics
Proceeded in golden chasubles
Innumerable psalm-chanting priests in convocation
And lordly bishops in congregation.   172

If by this theme I were not so indisposed
A handicap which denies me an even chance
O how my grieving heart would for you compose
An elegy in metre, sweeter than Ovid ever wrote.   176

An unjust outcome O my luminous noon-day sun
Should your elegy from me not be my finest one
Yet of all those who would compose and write
Sincerest is your Pierce, pearl of your noble eye. 180

You were for me when you were alive and well
My pledge of peace, my ease from stress,
My release from need, my limbs armour suit
My castle's door, my farm fence for grain and fruit. 184

Shelter of my lands, herdsman of my cattle
My ship's rudder in mid ocean
My handstaff in the press of battle
My threat staff here while you were in Flanders.   188

31

Mo theach séad, mo néamhann nósmhar
Mo chnuas beiche, m'eite eiteoige
Mo ghrian gheimhre, m'inscne óg-bhan
Mo dhéar aille, m'airsigh mór-scol.   192

Mo bheithir dhéadla, mo chaor comhraic
Mo dhragan lonn, mo Gholl Mac Mórna
Mo churadh caomh, mo laoch, mo leomhan
Mo mhionn súl, mo lionn-lúth, mo lóchrann.   196

Do mhalartais mo rachmas ar ró-cheas
Is do dhíolais mo shaoirse let óg-dhul
Is tú anocht, mo thocht 's mo theo-ghoin
Earr mo aoibhnis is críoch mo ghlóire.   200

Mo luain-chreach, mo ghuais, mo ghleo-bhruid
Mo chnead báis, mo bhráth, mo bheo-ghoin
Mo mhíle mairg, mo chealg, mo chló-nimh
Mo mhíle donais tú, m'osna, gus m'eolchair.   204

Mo shileadh déar, mo léan, mo leonadh
Mo ghoin croí, mo dhíth, mo dheonchadh
Mo shioscadh ball, mo chall, mo chró-lot
Mo chnead clí do shíneadh i gcomhrainn.   208

M'ár daoine, mo mhaoith, mo mhór-cheas
Mo bhraon allsa, mo channcar drólainn
Mo mhí-ádh, gan aoin-chrá 'na chomhar
Mo dhíobháil, is mo dhíoth-láithreach dó-innis.   212

Ba thaise ná an fhearthainn do shódhantacht
Ba dhaingne ná an charraig do chrógacht
Do b'fhairsinge ná an Bhanba do bheodhacht
'S ba chúinge ná t'úire an Eoraip.   216

Do leagadh-sa mo leagadh is mo leonadh
Do chailliúint ba chailliúint dómhsa
Ó chailleas tú, do chailleas mo dhóchas
'S ós marbh tú, is marbh cé beo mé.   220

My treasure house, my pearl of fashion
My store of money, my falcon flight
My winter sun, my maiden charm
My spring well, my bard of song.   192

My daring bear, my battle flame
My fierce dragon, my Goll MacMorna
My fair warrior, my hero, my lion in might
My coveted jewel, my vigour, my guiding light.   196

You transformed my easy wealth to suffering
And by your going you sold my liberty
Tonight you are my sob, my wound inflamed and gory
The end of my sway, the eclipse of my glory.   200

My pillage, my peril, my battle stress
My death groan, my betrayal, my wounded quick
My burthen of cares, my treachery, my poison fatal
My deluge of woes are you, my sigh, my desolation.   204

My tearful weeping, my woe, my maiming
My heart-stab, my ruin, my deprivation
My fevered limbs, my need, my wound blood red
My deep groan that your coffin is now your bed.   208

My slaughter of people, my woe, my sore affliction
My sweated anguish, internal cancer
My misfortune of unparalleled desolation
My injury, my dumb disorientation.   212

Softer than rain your innocence
Unyielding as rock your firmness
The plains of Banba could not contain your capacity
Nor the plains of Europe your vivacity.   216

Your fall is my fall and my maiming
Your loss was an equal loss to me
Since I lost you, I fell into despair unforgiving
Since you have died, I have died, though still among the living. 220

Do shaoth rom-thraoch is rom-thóirsigh
Rom shaoth, do thraochadh is do thóstal
Féithle na féile 's a fóir tú
Mo thraochadh is mo shaoth rem ló thú.   224

Your distress vanquishes me and holds me in dismay
My distress is seeing you vanquished at your funeral's array
O noble branch of liberality and its stay
I languish without vitality through all my days.   224

Mochean d'altrom an oirbheirt

Mochean d'altrom an oirbheirt
Ionmhain a gheis ghníomh-oirdheirc
Cosc feirge agus fola soin
Rogha gach ceirde an cheardsoin.   4

Re mac Dhómhnaill Mhic an Daill
Buan-bheanas brí a dtagraim
Aonduine an uairse do chin
Aoire uaisle is oinigh.   8

Éamonn dúileach Mac an Daill
Rún bronntach, briathar fhortaill
Dalta is dea-oidhir na nDall
Altra an ear-oinigh Éamonn.   12

Fuaireas ó mhac Mhic an Daill
Cláirseach allánach, álainn
Seoid bhuan bhreac-lonach bhuí
Ealtonach, nua, neamhaí.   16

A comhmaith do chruit sheanma
Ní fhuair triath ná tiarna
Móir thréadach cean agus creach
An bhean óir-théadach, áiseach.   20

Ní maíomh go méid mearbhaill
Ní fhuair éin-rí d'Éireannachaibh
A comhmór nó a comhmaith sin
Donnóg na bhfonnaith bhfrithir.   24

Ní fhuair Máine ná Mogha Néid
Ní fhuair Laoghaire a leithéid
Ní fhuair Niall do nocht don mhil
Ní fhuair Brian ná Corc Chaisil.   28

Welcome to him who fosters noble action

Welcome to him who fosters the noble action
Dear is his enchanting distinguished quest
Such as assuages blood-feuds and rages
Of all the arts the noblest.   4

The son of Mac a'Daill, son of Domhnall
Is constant in these attributes
Virtues he possesses above all others
Guardian of the generous and noble.   8

Generous spirited Eamon Mac a'Daill
Discreet in giving, articulate in speech
Son, and worthy inheritor of the name
Eamonn fosters the honourable deed.   12

From the son of Mac a'Daill
I received a splendid multicrafted harp
An abiding treasure of rippling golden hue
Multitonal, lustrous, and new.   16

A musical harp, a gift unequalled
By lord or chieftain
Or by cattle rich raiding baron
This responsive golden-stringed lady.   20

It is no light headed boast
That no king of Irish hosts
Ever received the equal of
This lustrous one of sparkling tunes.   24

Not for Máine or Mow Nade
Not for Laoghaire was its equal made
Nor for Niall of honey fame
Nor for Brian nor Corc of Cashel.   28

Instruim oirirc uigthe fonn
Éin-iontas fiadh Fréamhann
Dé Danannach doilbhthe dil
'S bé Manannach gcoirche gceirdigh.   32

Is binn allúrach amhra
A géimeanna geanúla
An éacht-fharránach fhoirife
Dréacht-allánach, dearscnoite.   36

Eochair an cheoil, 's a chomhla
Ionmhas teach na healadhna
An Éireannach ghasta ghlan
Ghéimeannach, bhlasta, bhiamhar.   40

Aos fíor-ghalair, fir ghonta
Codlaid ris an gclár chorcra
An bheo-bhadhb don bhróin do bhris
Ceol-adhb an óil 's an aoibhnis.   44

Fuair corr a cnuas-choill in Aoi
Is lámh-chrann a Lios Seantraoi
Breastach mhaoth-lonn na gcleas gcorr
Is caomh-chom ó Eas Éagonn.   48

Fuair Mac Síthdhuill dá suíeacht
Fuair Cathal dá ceardaíocht
Is fuair Beannghlan, mór an módh
A ceangladh d'ór 's a hionnlódh.   52

Maith a hóir-cheard eile sain
Parthalón Mór mac Chathail
Cláirseach an óir 's na n-allán
Dóigh nách práisneach Partholán.   56

Is í ba chlos cian ó shoin
Do spreagadh spride Sáuil
Go cruth gcaomh gcailm-cheannach bhfionn
Go sailmcheadlach, saor, séisbhionn.   60

Distinguished instrument, weaver of tunes
Wonder of the land of Freamhain
Precious and mystical Dananawn
Artistic muse, this daughter of Mananawn.   32

Sweet exotic and wonderful
Are her tender resonances
This perfect asserter of heroic romances
A composition artistic of exquisite lines.   36

This key to music and its entrance
Treasured resource of the abode of art
This clever crystalline Irish harp
Flavoursome and festive in its resonance.   40

Diseased and wounded men
Slumber at its purple sound board
Animating, sorrow-breaking enchantress
Instrument for revelry and merriment.   44

Her crosstree from a hazel wood at Aoi
Her front pillar from Liss Seantraoi
The sonorous breastach of subtle curves
And its sound board from the falls of Eas Eagonn.   48

MacSheil the appointed designer
Cahal the appointed artificer
Benglan also great the honour
Appointed gold fastener and emblazoner.   52

Excellent the other adorner in gold
Parthalawn Mór son of Cahal
Of this golden multicrafted harp
Parthalawn is the master smith.   56

It was such a harp that long ago
The spirit of Saul incited
Shapely slender calm and fair
Harmoniously the psalms recited.   60

Mongán is mac an Daghda
Dias il-gheasach ealadhna
Dá gcaoil-fhéagsain a ceol so
Fá mheor gcaoin-éascaidh gcubhra.   64

Díol na néamhdha Nioclás Dall
A dhíolsa an chruit gan chonchlann
An dall-sa disi idir
Is isi d'ansa an oirfidigh.   68

Éin-ní i gconchlann a ceoil uill
Níor chóir ach croídhe Éamoinn
Ach cé leor a luinne dhe
Is guinne an ceol ná an croídhe.   72

Ionmhain ráib do raid an chruit
Croí úr, aigne oirearc
Géag shaor raithréimeach, rasach
Caomh, caithréimeach, ceannasach.   76

Mór an séan dá ghruaidh ghlantais
Buaine blaidh a thabhartais
Mairfidh beo mar bheirear soin
Go deo is go deire domhain.   .80

San uain dteirce-se thárla ann
Uaigneach an obair d'Éamonn
An caithleon go gcrú ndil
Aithbheo clú a chine.   84

Ar dteacht ó Mháigh Luirg i leith
Fuair ollúnacht is uaisle
Is mar do fhill an uairse dhi
Do chinn ar uaisle aisti.   88

Fear nach ceann-chas, clú nach gann
Eascara an ionmhais Éamonn
Barr gach aoin an uairse dho
Do thaoibh uaisle is anma.   92

Mongawn and Mac an Daghda
A pair accomplished in magical works of art
Would find this music by delicate fluent fingers played
A fit subject for their discerning craft.   64

Worthy of this treasure is Nicholas Dall
Worthy of him this harp unrivalled
Only the blind harper for this harp's measure
Only this harp for the orphidean's pleasure.   68

Her music is rivalled in its plenitude
Only by Eamon's largess
But this musical amplitude falls short
Of the liberality of Eamon's heart.   72

Dear the dashing youth bestowing the harp
Of liberal heart, exalted mind
Fortunate scion, generous and daring
Protective, triumphant, commanding in his bearing.   76

A great blessing on his handsome head
Is the abiding fame of his gift
That glory shall endure, shall ever last
Until the angel's trumpet blast.   80

In these hard days of scarcity
Alone, Eamonn undertakes the task
This valorous one of noble blood
Rebuilds the former glory of his clan.   84

On coming from Moy Lurg in Roscommon
He acquired learning, nobility inherited
The extent of his learning and grace
Always earns him the foremost place.   88

A man of wisdom, of name well known
Bestower of treasure is Eamonn
Eminent he in noble bearing
Equally matched with spirit daring.   92

M'ionmhaine mo thréan tobhaigh
Meig óg iníon Chonnchúir
M'ansa clí séad-rang a sreath
Sí do chéad-bhronn an chláirseach.   96

Ní baosra, ní bladh bréige
Áilne is oirbheart Máirgréige
A haonlocht, maorgacht is madh
Aobhacht, daonnacht is deallradh.   100

Dearer in my affection is my heroine
Meig Og daughter of Conor
My hearts affection to this jewel of her kin
She is the harp's first donor.   96

No empty boast no false fame
The beauty and nobility of Mairgreig
Her only flaw is an excess
Of charm, of beauty and of stateliness.   100

Do chuala scéal do chéas ar ló mé

Do chuala scéal do chéas ar ló mé
Is thug san oíche i ndaoirse bróin mé
Do léig mo chreat gan neart mná seolta
Gan bhrí, gan mheabhair, gan ghreann, gan fónamh.   4

Ábhar maoithe scaoileadh an sceoil sin
Cás gan leigheas, is adhnadh tóirse
Athnua luit, is uilc is eolchair
Gríosú teadhma is treighide móire.   8

Díothú buíne críche Fódla
Lagú grinn is gnaoi na cóige
Mar do díogadh ár ndaoine móra
As a bhfearannaibh cairte is córa.   12

Mór an scéal, ní féidir d'fhólang
Méad ár ndíth do ríomh lem ló-sa
Fuair an fhéile léan 'na dheoidh sin
Is tá an daonnacht gach lá dá leonadh.   16

Ní bhfuil cliar in iathaibh Fódla
Ní bhfuil Aifrinn againn ná órda
Níl bhfuil baiste ar ár leanaíbh óga
Is níl neach re maith dá mhórgacht.   20

Créad do dhéanfaidh ár n-aos óga
Gan fear seasaimh ná tagartha a gcóra
Táid gan triath ach Dia na Glóire
Is preasáil 'ghá ngreasáil thar bóchna.   24

Greadán m'aigne dearbhadh an sceoil sin
Gabháil gharbh na n-eachtrannach óirnne
Maith fhios agam an t-ábhar fár órdaigh
D'aithle ár bpeaca an tAthair do dheonaigh.   28

I have heard news that agonised me by day

I have heard news that agonised me by day
And in the night has bound me in sorrow's gloom
Left my frame in a state more unable than a woman in birth
Bereft of action, of intellect, of wellbeing, and of mirth.   4

The spreading of this news gives cause for tears
An unrelieved anxiety that has ignited our fears
A reopening of wounds, of ills, of lamentation
The refiring of affliction and widespread desolation.   8

Decimation of the clans of Fola
Subjugation of its noblest
Banishment of our leading lights
From their chartered lands and rights.   12

A tragic story unendurable to bear
The enumeration of our losses in my time
Hence noble liberality is in dismay
And civility receives injury day by day.   16

No clergy now resides in Fola
Deprived of Mass and holy orders
The baptism of our children has been halted
And no one of nobility is now exalted.   20

For our youth what shall be their plight
With no one to stand and advocate their rights
Thus bereft, God is their only chief
Dispossessed, they are pressed and driven overseas.   24

Confirmation of the fact sears my soul
The barbarous subordination by foreigners of our land
The cause of these happenings I truly know
Lies in retribution for our sins and God has ordained it so.   28

Dá mbeadh Tuathal fuadrach beo againn
Nó Feidhlim do threighidfeadh tóra
Nó Conn, fear na gcath do ró-chur
Ní bheith teann na nGall dár bhfógradh.   32

Cár ghaibh Art do char an chrógacht
Nó Mac Con ba dhocht i gcomhlainn
Lén ar scanraigh clann Oilill Óluim?
Is séan do Ghallaibh ná mairid na treoin sin.   36

Is léan don Bhanba marú Eoghain
Tréin-fhear fá chéile don bheodhacht
Ní bheith neart tar cheart ar fhódaibh
Ag na Gallaibh meara móra.   40

Do bheith neart is ceart is crógacht
Do bheith smacht is reacht fá ró-chion
Do bheith rath ar ar san bhfómhar
Dá mbeith Dia le triathaibh Fódla.   44

D'imigh Brian na gcliar ón mBóirmhe
Do bhí tréimhse ag Éirinn pósta
Ní bhfuil Murchadh cumasach cróga
I gCluain Tairbh ba thaca re comhlann.   48

An tan fá láidir trá na treoin sin
Clann Chárthaigh is an Tál-fhuil treorach
Níor shaoileadar Gaíll dá bhfógradh
Tar toínn, nó i gcríochaibh Fódla.   52

Atáid na danair i leaba na leomhan
Go seascair sámh, go sáúil seomrach
Bríomhar, biamhar, briathrach, bórdmhar
Coímhtheach, cainteach, sainteach, srónach.   56

Is é rún is fonn na foirne
Dá mhéid síth do-níd re ár bpór-ne
An drong a bhíos ag ríteach leo-san
Súgradh cluichídhe an chuitín chróga.   60

If we had energetic Toohal in his prime
Or Felim who could panic the pursued
Or Conn whose hundred battles won his name distinction
What Cromwellian would ever dare proclaim us for eviction.   32

Where went Art who esteemed valour
Or MacCon unyielding in the combat
Who terrorised the clan of Olil Olum into disarray?
O fortunate for foreigners these warriors are not alive today.   36

Well may Banba mourn the loss of Owen
A warrior espoused to a spirit bright
Then might would not have vanquished right to lands
For these rash and pompous foreign bands.   40

There would be might and right and valour
Order and the rule of law would receive popular acclaim
Rich harvest would arise where ploughs had laboured
If Fola's chiefs in the eyes of God were favoured.   44

Brian patron of clergy is not in Bowrve
He was once the spouse of Erin
Nor is Murrougha the capable, the unyielding,
A battle pillar at Clontarf, supportive, shielding.   48

When these warriors were in their prime
The McCarthy clan of Thawl's unbroken line
Never imagined a foreigner's proclamation
Declaring them to exile, resettlement and extirpation.   52

The foreign rabble are now in the lion king's lair
Cosy, secure, luxuriant, spacious,
Active, abundant, verbose, festive
Alien, wordy, covetous, shrill.   56

The policy and intention of this band
In their extensive settlements with the people of our land
Is that their team's negotiation with ours
Should be the playful negotiation of the great cat with the mouse.   60

Is trua lem chroí 'sis tinn dár ndrólainn
Nuachar Chriomhthainn, Chuinn is Eógainn
Suas gach oíche ag luí le deoraibh
'S gan lua ar an tí do bhí aici pósta.   64

Teach Tuathail monuar do tóirneadh
Is Cró Chuinn gan cuimhne ar nósaibh
Fonn Féidhlim go tréith-lag tóirseach
Iath Iughuine go brúite brónach.   68

Achadh Airt fá cheas gan sóchas
Críoch Chobhthaigh fá úim ag slóite
Clár Chormaic, fáidh foirtil na gcómh-fhocal
Fá orchra, lán d'fhothram deorach.   72

Mo léan, ní hé tréine na slógh soin
Ná buirbe na fuirne ó Dhóbher
Ná neart naimhde chaill ár ndóchas
Ach díoltas Dé tá ar Éirinn fhód-ghlais.   76

Peaca an tsínsir, claoine an tsóisir
Aithne Chríost gan suim 'na chomhall
Éigean bruinneall, briseadh pósta
Craos is guid, is iomad móide.   80

Neamh-chion gnáth is tár ar órdaibh
Réabadh ceall is feall is fórsa
Leigean na bhfann gan chabhair gan chothrom
Ag saobh-lucht sainte, is caillte ar chomharsain.   84

Tréigean Dé lé spéis i seodaibh
Gléas lé a séantar gaol is comhgas
Géill do neart, 's an lag do leonadh
Claonadh breath, 's an ceart fá cheo-chur.   88

Cíodh tá an eang so teann ag tórmach
Fá láimh leabhair na nGall so nódh againn
Áilim Aon-mhac tréan na hóighe
Go dtigidh an ceart san alt 'n-ar chóir dó.   92

It breaks my heart and distresses my limbs
That the spouse of Crihin, Conn and Owen
Is awake each night in a tearful state
And no one mentions her husband's fate.   64

The house of Toohal to my regret has tumbled
The house of Conn, its customs are forgotten
The house of Felim dispirited and in dejection
The house of Ewein in sorrow and subjection.   68

The field of Art lies anguished and cheerless
The land of Coffee lies vanquished by the troops
The plain of Cormac, great seer and lexicographer combining
Is now in eclipse and tearfully repining.   72

Sadly it was not by that band's force of arms
Nor by the coarse aggression of that crowd from Dover
Nor the enemy's puissance which leaves us thus despairing
But God's vengeance on the green green sods of Erin.   76

Sins of the old, corruption of the young
Disregard for Christ's commandments
Rape of maidens, marriage sundered
Gluttony, swearing, theft and plunder.   80

Spurning of the masses, disdain for the clergy
Churchyard pillage, treachery, rapine
Injustice and neglect the fate of those in need
Abandonment of neighbour due to warping greed.   84

Forsaking God in the cause of wealth
A cause which reneges on the laws of kith and kin
Bows to might while the weak are crushed
Corrupts the judge while the truth is hushed.   88

This is the way that is growing and spreading
Dispensed through the hands of the new Cromwellians
To the Virgin's potent only Son I have recourse
That justice will return to its wonted course.   92

Is bíogadh báis liom cás mo chomharsan
Na saoithe sámha, sásta, seolta
'Na dtír ba ghnáthach lán de thóbhacht
Ite, Vade, dá rá leo-san.   96

Is gan ach cáirde ó ló go ló aca
Dá gcur uile i dtuilleadh dóchais
Go mbeith fábhar dá fháil dóibh sin
Is gan ann sin ach "till further order'.   100

Galar gan téarnamh is méala mór liom
Greamanna daor-bháis, cé táim glórach
Scaipeadh ar an bFéinn dár ghéill Clár Fódla
Is Eaglais Dé dá chlaochládh as órdaibh.   104

Tá scéimh ghlan na gréine go nóna
Fá éiclips ó éirí ló dhi
Táid na spéartha i ngné dá fhógradh
Ná fuil téarma ár saoil ró-fhada.   108

Fuair an cáirdeas spás a dóthain
Le lucht séad ní géar an sceol soin
Ní léir dom aoinneach ar m'eolas
Noch do bhéarfadh réal chun bróg dom.   112

Fágaim sin ar chur an Chomhachtaigh
Aonmhac Muire gile móire
As a bhfuil ár n-uile dhóchas
Go bhfuighidh sibh-se is mise cothrom.   116

Is aitchim Íosa, ri na glóire
Mar is fíor gur tríonas fhónas
Soillse laoi agus oíche d'órduigh
Go dtigidh an ní mar shílim dóibh sin.   120

Gríosú cnead, laghdú ar neart
Síorú ar cheas brónach;
Fíorú ár bhfear do gheimhliú i nglas
Foilsiú a n-acht óirnne;

My neighbours' fate is my death spasm
Men of breadth, of ease, content and accomplished
Men bold and important in their lands of old
Now 'Ite, Vade', is what they are being told.   96

Their space is only from day to day
Which lifts up all their hopes; they pray
That some favour for them may soon be sent
But it's never more than a postponement.   100

It's a terminal illness, a source of grief
In the throes of death though I still have speech
This dispersal of the chieftains who held Fola's recognition
And the Church of God deformed by the clergy's abolition.   104

The clear face of the noon-day sun
Is eclipsed since its rising
The omens that the heavens are sending
Is that our life-span will soon be ending.   108

Extending friendship is at an end
Not a pressing matter for wealthy men
I can't name anyone I know who'd choose
To fund me sixpence for a pair of shoes.   112

I leave it at the Almighty's disposal
The only son of Mary bright
In whom our faith and total trust is
That you and I will get some justice.   116

And I implore Jesus king of glory
For truly through him graces flow
He who illumines both day and night
For them may he set all things right.   120

Increase of moan, decrease of strength;
Constancy of our affliction;
Inquisition of males, shackled in chains
Declaration of laws against us;

Críochnú ár bhflaith do dhíorú amach
Ar dhruim tonn thar bóchna;
Do mhion-bhrúigh lag mo chroí dúr leasc
Re maothú ár ndearc ndeorach.

Extinction of our nobles hunted
And forced over the waves for years;
Crush-minced my weak dull leaden heart
And softened my eyes with tears.

Thugas ansacht d'óigh ghallda

Thugas ansacht d'óigh Ghallda
Iníon chruth-ghlan chéimbhanda
Stuadh ollghaoth, gan fhuath gan oil
D'uath na lonnlaoch ó Londain.   4

Thugas – nárab miste mé
Nárab mó is miste ise
Searc m'anma d'inín an Ghaill
Don fhinn-ghil amhra álainn.   8

An croí gan chead damhsa,
A raibh d'ansa ionamsa,
Tug uaim go ngeilt-chuing ngusa,
Don stuaidh ngeiltruim nGallda-so.   12

Aoinbhean eile ní bhfuigheadh
A n-uair uaim an Londain-bhean
Ní hé amháin is doiligh dham
Grá dom oighidh 's dom adhnadh.   16

Ionadh nach ionmhaíomh dham
Go meallann is ná mealltar
Bean mé do aith-chreach oram
Nach clé aithreach uraghall.   20

Meig Ruiséil, ríon Ghallda
Réalta shuaithní shaorchlannda
Úll óir is cian rom-char
Grian agus glóir na nGallbhan.   24

Do-ní a folt ór d'úmha
Is san lá a rosc réilteanna
Croí uar na n-airghiall dte
Is a grua, an ghrian ast-oíche.   28

I was devoted to a foreign maiden

I was devoted to a foreign maiden
A lady of a graceful feminine step
Elegant, intelligent, charming, faultless
Descendant of London men, daring and dauntless.   4

I gave, and may my giving cause no pain
May it be for both a gain
My soul's passion to a Saxon daughter
To a fair, distinguished, beautiful.   8

The heart without my say
Gave away my full capacity for affection
Gave in a frenzied impulsive action
To the elegant elderbright Saxon.   12

No other woman could obtain from me
What I gave to the London maiden
Yet more difficult to bear
Is love's consuming kindling flame.   16

Surprising though not to my credit
She enchants but is not enchanted
This woman I sought to rob in return robs me
What a clever dexterous woman is she.   20

Meg Russel, Saxon noble
Distinguished star of a freeborn clan
An apple golden I have loved a space
Sun and glory of her sex and race.   24

Her tresses reflect the bronze as gold
Her eyes become the daylight stars
Her heart calms the heated fight
Her cheek a warm sun by night.   28

Dubhaigh a cneas an ghéis gheal
'S a dá cóirdhearc an cristeal
Tug fionna ar an rós reimhe
Ionga is ós na h-ingheine.   32

Caoinidh aimsir uaithe ag dul
Anmhain nach féad 'na fochair
'S gach bionnshruth suas lé sin
Díomdhach do luas an leanbhsoin.   36

Mar a mbíd is breath damhsa
Lá i n-oíche san ionadso
'S gach lá doilbhthe nách só soin
Is oíche san ló an lá soin.   40

Ainnear ungtha an óigh gan choir
Aon uair mar a mbí bliadhain
Rún ciallaidh gan uaill gan oil
Bliadhain uair, ach ina hochair.   44

Ón a crobh, cumhra gach crann
Mil mar ghlacas an grafann
'S dá mbeana ris rós rod-fhear
A h-ós ar dhris 's ar dhraighean.   48

Dá bhfeiceadh neach, neamh-nár dí
Ise 's an ghrian san gheimhre
Ann féin 's i ngach aon oile
Dhá ghréin iad in aon-roidhe.   52

Náir ba iompar d'fhiach a corp
Dá mba ea dob fhiach éadrocht
Is cloch ghairt dá bhféachadh air
Go ndéanfadh cailc don chloch soin.   56

Atá ní fá na fearta
Fuil Ghallda, gníomh Gaedhealda
Is Gall-ghníomh an méid is math
I ngéig shalm-shaoir na saltrach.   60

Beside her skin the swan seems dark
Her two curved eyes dim the crystal
The rose itself appears to pale
Beside the maiden's lips and nail. 32

Time weeps as it departs her
In her company it cannot wait
Every melodious rivulet she meets
Is saddened by its own departing speed. 36

Wherever she waits it's my illusion
That night becomes day in that place
Every gloomy day without that pleasure
Turns day to night in equal measure. 40

A faultless virgin, anointed maiden
A year with her is brief as the passing of an hour
Discreetly sensible, reserved, without a smear
An hour of her company is the pleasure of a year. 44

At the touch of her hand all trees are fragrant
And the herbane's juice is turned to honey
Should she a touch of her lips to them bring
From the bramble and thorn would roses spring. 48

Should anyone see her beside the winter sun
For her no immodest aspiration
He and all who see could not deny
That two suns coursed in the one sky. 52

For shame what raven would bear away her limbs
If so that raven would undergo a white metamorphosis
If she were to look upon a standing pillar of salt
That stone would change to a pillar of soft white chalk. 56

There is this basis to her powers
Saxon blood but Gaelic action
Combines with Saxon deeds deserving palms
In this free branch of books and psalms. 60

Siúr Iarla Essex a fuair uilc
Is diúic dícheannta an ór-fhuilt
Lucht sú-chorp na ngairt-phort ngnaoi
Hairfort, Suffolc is Surraoi.   64

Maith do a ghaol 'na goire
Iarla calma Chorcaí
'S do ghriangha na gcealgcholg gcuir
D'Iarla Beadford, a bhráthair.   68

Uilliam Ruiséil ruire seang
Giúistís oirearc na hÉireann
Nochar taom timdhibhe dhi
Gaol an fhinn-bhile inti.   72

Ní do thairgeas dom dheoin di
Níor ghlac, is do ghoid an ní sin
Ionadh an tsloid dá saoirlí sonn
Aoin ní de ghoid ní ghlacann.   76

Ní fheaca mé don tsaoir shéimh
Adchiú, a Chaitlín Ruiséil
Ní rug glionn-Bhanba a geall so
Ceann is ionlabhra ach tusa,   80

Cousin to the tragic Earl of Essex
The beheaded duke of golden tresses
To supple bodied men of great ports by the sea
Hereford, Suffolk, and Surrey.   64

Well indeed for the valorous Earl of Cork
That he is her close relation
And for that sunray of the sharp curved sword
His kinsman the Earl of Bedford.   68

William Russel graceful knight
Distinguished Justiciar of Ireland
No calamity for her to claim
Blood-branch of that distinguished name.   72

She declined what I of my own will offered
Yet she stole that thing I proffered
Odd that this highborn would stoop to theft
Though stolen property will not accept.   76

I shall not curtsy to a nobler maiden
Than to you daughter of Russel
Bright Banba has not produced a name
More worthy of your celebrated fame.   80

Deacair teacht ó ghalar gráidh

Deacair teacht ó ghalar gráidh
An galar dom char fá chiaich
Ní bhí an galar gan goin bróin
Galar nách fóir luibh ná liaigh.   4

Galar gráidh is galar dam
An galar go bráth in ár mbun
Im chroí do chóidh isteach
Cneadh toile, lér dóigh mo dhul.   8

Ar marthain béaraidh go buan
Ní lámhthar céadtoil do chlódh
Do chuir sin im luing-se a lán
Ní grá cuimse linn bhus lór.   12

Tonn seirce 'na tuile tríom
Tuile le' mbeirthear ár mbuaidh
Tug soin ar snoí go cnámh
Doigh gráidh im chroí do chuaidh.   16

Ní lé faobhar, gráidh romghoin
Baol mar atáim óm thoil
Ní féidir dul saor mar sin
Nimh mo ghon don taobh istoigh.   20

Gaoi gráidh ag tolladh mo thaoibh
Créad do b'áil dá chur i gcéill
Ni fhuil cabhair i ndán dúinn
Mo ghrá rúin dá bhfaghainn féin.   24

Ag so céime Dé na ndúl
Ar an té dá dtugas grá
Troigh thana, 'gus seang-bhonn saor
Mala chaol dá ndealbhaim dán.   28

Difficult to recover from the fever of a lover

How difficult to recover from the fever of a lover
A fever now subjecting me to sorrowful emotions
A fever which inflicts a wound of grief
A fever immune to medicine-man or potions.   4

Love's fever is my affliction
A fever unforgiving and without reprieve
Through my heart it has penetrated
Probably fatal though willingly received.   8

Forever I shall bear it throughout my days
One cannot first love disown
It was such that filled my sails
Moderation in love was never known.   12

A wave of love in flood goes through me
A flood that has my senses breached
And that which gnaws to the very bone
Is love's dart, which the heart has reached.   16

Love's wound is not by piercing steel
The threat to me is my own desire
There can be no escaping them
The wound festers from the inside.   20

Love's lance my flank is piercing
But why should I bemoan my gyre
Help for me is not an outcome
Even if I got my heart's desire.   24

Here are her marks of rank God-given
She to whom I declared my passion
The delicate foot, the elegant step
The slim eyebrow worthy of this poem I fashion.   28

Fuilt dlúithe is díon ar gach sín
Tug an Dúileamh dí mar ghlóir
Gach fáinne cromchas dá céibh
Ar néimh fholchas áille an óir.   32

An béal tana is nuaidhe niamh
Nach gar dá guaille a glór
'S a dá gruaidh ar ghné na gcaor
Nár fhuaigh ach saor na sé slógh.   36

Stua mhíonla na mailí gcaol
Ní shileabh a hainm-se uaim
Atá sin dom ghoin dá grá
Do thoil nách áil linn a lua.   40

Dá leacain leabhra ar lí an aoil
Do dealbhadh dí mar ba chóir
An bhas bhairr-gheal, sheada, shéimh
Leaba réidh na bhfáilgheadh n-óir.   44

An ríon nach mbeadh do mhnaoi
Mo shearc ar n-a líonadh lé
An Choímdhe ar n-a char i gclí
Cá ní is doilí dham, a Dhé.   48

Richly dense her sheltering crown of hair
Which God as her crowning glory gave
Each curled ringlet of her tresses
Of a lustre that puts gold's splendour in the shade.   32

Her delicate lips of shining freshness,
Whose voice is raised above the shoulder region
Her two cheeks the complexion of berries
Crafted only by the artist of the six legions.   36

Cultured princess of the slim curved eyebrows
Of her name my lips are sealed
She who pains me by the love I bear her
By my wish remains unrevealed.   40

Her two lime-white delicate arms
Sculpted and most befitting
The hand bright-fingered, tender, slender
For golden rings a perfect sitting.   44

The princess who declined to be a wife
Though for her my love has risen to the brim
May God befriend her throughout life
For me O God could the outlook be more grim.   48

Léig díot t'airm a mhacaoimh mná

Léig díot t'airm, a mhacaoimh mná
Muna fearr leat cách do lot
Muna léigir na hairm sin díot
Cuirfead bannaí d'airighthe ort.   4

Má chuireann tú t'airm ar gcúl
Foiligh feasta do chúl cas
Ná léig leis do bhráid bhán
Nár léig duine do chách as.   8

Má shíleann tú féin a bhean
Nár mharaigh aon theas ná thuaidh
Do mharaigh silleadh do shúl rín
Cách uile gan scín gan tuaigh.   12

Dar leat ach cé maol do ghlúin
Dar fós ach cé húr do ghlac
Do loit gach n-aon dá bhfaca iad
Ní fearra dhuit scian is ga.   16

Foiligh orm t'ucht mar aol
Ná feictear fós do thaobh geal
Ar ghrá Chríost ná feiceadh cách
Do chíoch ró-gheal mar bhláth dos.   20

Foiligh orm do rosc rinn,
Má théid ar mharaighis díobh leat,
Ar ghrá t'anma dún do bhéal,
Ná feiceadh aon do dhéad geal.   24

Má's leor leat ar chuiris tím,
Sul a gcuirtear sinn i gcré,
A bhean, atá ream ró-chloí,
Na h-airm sin díotsa léig.   28

Young lady, lay your weapons down

Unless you wish to wound us all
Young lady lay your weapons down
Should you not your weapons decommission
I shall have you bound by some conditions.   4

Should you set your weapons aside
Hide forever your ringleted tresses
Do not show your neck so fair
There's no escaping from that snare.   8

O lady, you yourself may think
You never killed to the north or south
But the beam of your langorous eye
Killed all without axe or knife.   12

Blunt and rounded you may think your knee
Soft and tender you may think your palm
In all who saw them, deep wounds they made
You may as well wield dart and blade.   16

Veil from me your lime white bosom
Let me not see your flank undressed
For love of Christ let no one see
Like a rose bud your bare breast.   20

Veil from me your lustrous eye
Since you have a fatal reputation
For love of God your mouth sheath
No one must see your pearly teeth.   24

Since you have already wounded many
Before I should join them in the earth
O woman whose arms hold me in submission
I pray you those arms to decommission.   28

The Blasket community after a 'station Mass' on the island, 1937

The Great Blasket, 1937

Seán Ó Duinnlé
Seán Dunleavy

An sclábhaí

Do thaisteal dom lá, i mbaile cois trá
Mar a raibh carraig lé rá Ó dTórna
Cheanglaíos páirt lé claon-ghleacaí mná
Go leanfainn go rátha an fhómhair di;   4
D'fhilleas i dtráth thar n-ais ar mo bhothán
Ar eagla gur ghá dhom stór san
Dá dheascaibh sin glaoadh mar ainm dom 'maor'
Am chasadh le tréad na gcomharsan.   8

D'filleas arís thar n-ais ar an mnaoi
Gur thairbhigh suím dem' ghnó uirthe
Mar shúil 's go ndíolfadh airgead síos liom
Go gceannóinn dom mhnaoi air clóca;   12
Ní mar sin a bhí, ná aon charthain 'na croí
Ach do thagair dom dlí ar an nóimint;
Nách ainnis mo shíoth t'réis aistear na slí
An staga 's ná díolfadh seoid liom.   16

Tar éis a lorgtha i mbréithre shocra
Mar shúil 's gur mar sin ba mhín' í
Ba mhór iad a mogail, is ba throm iad na focail
Is uirthe a bhí cochall a' díomais;   20
'Goidé seo a thagair, mo stúmpa bacaigh
Mo bhrón gan arm im' thimpeall
Fág mo dhoras 's déan go hobann
Nó ní bhéarfair do chosa go Duibhneach.'   24

'Fóill a chailligh, ná buail 's ná mairbh
Ó ráiníos i mbeartaibh nár shíleas
A bheith a' rómhar 's a' branar dod' shórtsa staga
Is nárbh fhonn leat dadamh a dhíol liom;   28
D'oirfeadh airgead dómhsa 'ge baile
I gcomhair bróga hata agus bríste
Is mo choróin geal tabhair im' dhóid go tapaidh
Nó beidh seó ded' dheascaibh i nDuibhneach.'   32

The hired labourer

On my travels one day far away in a seaside town
Where stands a castle by name O'Dorney
I bonded my labour to a female slaver
And contracted to stay the harvest;   4
But in time I went back to my own island shack
Claiming family need as my reason
The result that ensued was neighbours calling me 'steward'
For being home in the hiring season.   8

I returned once more to that woman's door
Who owed me a sum for my labours
I expected no clash, but she'd pay me hard cash
The price of a cloak for my lady;   12
It didn't happen that way, her stone heart held sway
As she threatened the law's enforcement;
What a miserable end to my journey's quest
When the wretch wouldn't yield a farthing.   16

When I asked the ma'am in phrases calm
Hoping such balm would soothe her
Her eyes grew large, her words had a charge
Her bearing enlarged with resentment;   20
'How dare you come you beggarly bum
Alas for a weapon convenient
Clear my door and delay no more
Or you won't carry your legs to Dueenagh.'   24

'Stay woman, don't strike or don't kill
Since this I had not anticipated
For the likes of you slaving, ploughing and spading
And you refuse to pay me a farthing;   28
I need cash for myself at home
I need a hat a coat and a trousers
Now right away my silver crown pay
Or your name I'll disgrace over Dueenagh.'   32

Do chuas thar doras, agus bheannaíos go socair
Is ní ar intinn cogaidh do dhéanamh
Lé hiomarca doichill, mar bhíodar ag cogaint
Ní bhfuaireas fios freagartha ó éinne;   36
Labhair an staga is ní go cneasta é
Dúirt: 'Nára Dé bheatha ar an dtaobh so
Nuair a bhís cheana againn, is ró-gheárr fhanais
Is do dhéan san easnamh dúinn féinig.   40

Éirigh id shuí a Bhait, ós ionat atá an neart
Treascair is fág fúm féin é.'
Mara mbeadh 'Keeper' is 'Duck' d'imeacht lé holc
Do bheidís im' chorp in éineacht;   44
D'éirigh an staga is do rug sí ar bhata
Is do thug sí dom tarrac sa phlaosc de
Lé méad an fhuinnimh a bhí fé'n mbuille
Do shíleas go dtuitfeadh na réalta.   48

'Is dhá mhó an bille do bhí agam id' choinnibh
Slat bhreá chuilinn 's treabhsar'
'Treabhsar má thugais, a bhí lom caite lofa
Á thabhairt i bpresent don bhfile nó i dtabhartas;   52
Ní ag obair a bhíos-sa ach a' múineadh do chlainne
A' tabhairt éifeacht, tuigsint, is meabhair dóibh;
Is ós dlí atá tagartha, i ndlí na n-aitheanta
Go bráth ná tabhair dom treabhsar.'   56

Thíos i gClann Mhuiris, tá an mhéirdreach bhuille
Gan choinsias, gan tuigsint, gan cheansacht
Thugas mo choicíos fada earraigh, a' rómhar 's a' branar
Fé mar a bheadh capall a' treabhaireacht;   60
Nuair ná fuil dlí na Sacsan ar mo thaobh chun é tharrac
Gan aon díol im' chuid allais ach ancheart
Caor nímhe go dtaga fá dhéin díth' do'n gcaillig
A bhéarfadh a hanam idir dheamhnaibh.   64

Through the door I stepped and gently blessed
Without any intent of war
With sullenness brewing, there they were chewing
Not one of them answered my call;   36
The hag she spoke in uncivil tones
'I won't say God bless to your such
Because when you first landed, you soon absconded
And left us all in the lurch.   40

Rise up Mat, since it's you that's strong
Lay him flat and leave him to me.'
That 'Keeper' and 'Duck' were gone was my luck
Or they'd all have attacked to subdue me;   44
Up rose the hag and she grabbed a good staff
And drew a crack on my skull that sounded
She struck me so, with the force of the blow
I thought the stars were falling around me.   48

'Twice your bill, you owe me still
A fine holly stick and a trousers'
'O the trousers you gave were rotten, worn, threadbare
And presented as a gift for my rhyming;   52
I wasn't just slaving, but in your family's rearing
Giving them elegance, intelligence and sense
Since laws you propose, by the laws of Moses
An old trousers is no recompense.'   56

Down in Clanmaurice you'll find the raging whore
Blind to conscience, sense or civility
A spring fortnight I spent spading and bent
Like a plough-horse chained in servility;   60
Since my rights I can't draw under Saxon law
No reward for my sweat but chicanery
May a lightning flame strike the old dame
And bear her soul down among demons.   64

An chaora odhar

Aréir is mé go haoibhinn
Is mé sínte ar mo thaoibh deas
'Sea tháinig aisling taoibh liom
Do sprioguigh mé thar meón   4
Gur mharaíodar mo chaora
Ins an líne bhí taoibh liom
Gurbh aoibhinn an féasta í
'S gurbh aerach ar bórd.
D'éiríos suas im' sheasamh beo   8
Is níor chreideas féinig leath dá nglór
Mo mhuintir fhéin a bhí sa treo
Agus níor bhaol dom go bráth
Gur aithris an séimh-fhear b'fhearr méin agus tuairisc   12
An ní úd do hinseadh, agus is fírinneach mar tá.

A chaora odhar, mo chéad slán chughat, mar d'fhágais mé im' aonar
I ngéibhinn fé dhaorthart, gan aon deoch ar m'fháil
'Sé mo mhuirearsa a bhí 'na ghátar 's i spleáchas gach éinne 16
Gan súil lé haon bhraon aca, go mbéarfadh sí dóibh.
Nách mairg dóibh a mhachnaimh é
'S gur gearr ó cheannaíos í go daor
Mé i dtaoibh léi de stoc an tsaoil   20
'S nách trua mé 'na deoidh.
Ba thaca dhom chun cíosa í, chun íoctha, 's chun éadaigh
'S gur dhíon dom ón mbraon í, ins gach aon bhall dá ngeobhainn.

Sí seo an chaora dhóite, ní dómhsa féin ar leithrigh   24
Is mór a shil deora ag siúl bóithre 'na diaidh
Is cosúil le híoc na Fódhlacht, ar tógadh léi d'airgead
Mar is eol do gach óigfhear d'fhóbair a fháil daor;
Ní chreidim féin a labhraid, ach an méid dá maoin a bhailigh sí 28
Ag soláthar bídh 's leapan chúcha, ar shráid ná raibh saor
Gur chaill gach éinne 'em chomharsain d'réir corónach is dachad léi
'S gur ró-bhreá an tseoid í, mar ba í an spóla í ró-dhaor.

The fat sheep

As I lay happily last night
In comfort on my right hand side
A vision approached to my bedside
Which startled exceedingly my mind   4
That my sheep was killed by neighbours[2]
Neighbours of my street
What a delicacy on a table
What a wonderful feast.
I jumped into a living stance   8
Not believing half this trance
My own people, O what chance
That I could suffer at their hands
Until this true man of reputation   12
Reported all in confirmation.

Goodbye O fat sheep, you left me bereft
In a struggle with need, without a drink from your well
My babies through deprivation, in every neighbour's debt   16
Without hope of a suck till your udder should swell.
Damn those who this deed thought
For my sheep was dearly bought
Without her I am left with nought   20
Miserable and lost.
She was my cash, my clothes, my rent,
My shelter and my roof wherever I went.

This sheep scalded all, and not only myself   24
And many walking roads shed salt tears for her pelt
What she cost in money, equalled Ireland's whole rent
As known to each young man who barely came free;
She flayed a slice of their money no matter what they say,   28
A crown and two guineas, each neighbour had to pay
Providing bed and board in the town was not cheap
O wasn't she the expensive joint, O what a precious sheep.

Dá gcífeadh sibhse an éifid, 's is mar sin féin do bhí sé   32
I measc na gcoiste á thraochadh, is é daor ag an gcúirt
Nó gur dhein Ó Connell glégeal déirc air mar ba ghnáth leis
Mar gur shíl sé gur brá é bhí ar láimh gan aon chúis.
Dá mbeadh ag Ó Connell fios a shlí   36
Níorbh fhonn leis gan croch a chur 'na suí
A cheann a chur go barra an tí
Ar spíce go hárd.
Geallaimse lé céill díbh   40
Má théann de níos mó ann
A shaoradh ní déanfar
Agus is éigean do an bás.

Náire 's aithis chughaibh   44
A fhaimilí bhradaigh is measa clú
Sé slí a lean bhúr gcaraid rúmhaibh
'S is cásmhar díbh é
Mar léigheann an t-oide is múinte   48
Tá ós cionn na gcúig bparóiste
Go ndíbríotar na ciontaigh
Chun siúil as ríocht Dé.
Nár thigidh olc sa tír ná pláigh, ná sínfidh chúcha a láimh   52
Marbhán is íogaire ná í, ar chlár chúcha in aghaidh an lae
Do spriogaigh ar mo chaora dh'ídeach lé dúil i bhfeoil
'S fios aca 'na gcroí istigh, mé i dtaoibh léi mar lón.

D'ith an *Black* go fairsing í   56
D'inis a cheacht go pras mar bhí
Do phreab isteach ar thaobh na dlí
D'fhonn cách d'fháil daor
Moladh lé rí na Glóire   60
Sé a dhóthain a fuair dá druím
Gur dóigh liom má bheoann sé
Nach cóir do bheith buíoch.
Léan is lom is lagar oraibh   64
De shíor is de ghnáth go leanadh sibh
Rí na nGrást in earraid libh
Lá Breithe Dé;
Íde chlainne Mhóire oraibh   68

If you saw the fool and that is what he was   32
Among the juries being confused and guilty on evidence
Till bright O'Connell pitied him and pleaded for his cause
For he felt he was an innocent, a victim of the laws.
But if O'Connell knew his ways   36
He would gladly a scaffold raise
Above the house his head would place
On a tall steel spike.
It is my opinion and my hope   40
If he returns to the court's attention
He shall this time face the rope
And there shall be no redemption.

To you O thieving family, of the lowest reputation   44
May you ever suffer in disgrace and shameful degradation
For your ways are the ways of all your generations
And you will regret it in the end
For the learned priest has said   48
And in the five parishes he has read
That by Heaven the wicked are condemned
And driven to damnation.
May every evil, every plague their hand upon you lay   52
May a death that's sensitive to you visit you each day
For you conspired my sheep to eat through your awful belly greed
Knowing in your heart inside, that she was my only stay.

The Black who ate his share of her   56
Promptly his lesson depicted
He quickly turned crown supergrass
To get them all convicted
Praise to the king of Glory   60
Of her he has got his piece
And I think should he survive
His mind cannot be at ease.
May affliction and destruction abide with you   64
And famine weakness with you stay
May the King of Grace be hostile
Come your Judgement Day;
The plight of Móire's sons on you   68

Do sheol leis an gcat fé dhraíocht,
Gur ar bórd loinge a sheoladar, gan treo ortha go bráth.

Who sailed enchanted by the cat,
Aboard a boat they sailed away, directionless, and lost.

Caitheamh amach na bhFeiritéarach

Is fada ar an dtalamh dúinn ceangailte síos
Fé mar a bhí Maois aige Phaoró
Is gan againn dá lorg ach toradh na dlí
A bhí scríbhte i leabhar an tSáirséalaigh.   4

Tá súil lé Mac Muire againn go dtiocfaidh sé i gcrích
Landlordaí s'lacha ag imeacht gan aon chíos
O'Brien's é i dteideal ag riaradh na dlí
Is beidh *Parnell* mar rí 'gainn ar Éirinn.   8

Is fada fé scamall dúinn ceangailte síos
Gan tógaint ár gcínn anois féinig
Lá ins gach aon tseachtain i ndoras gach ti
Go gcaithfidh siad cíos nó a gcuid féin dh'fháil.   12

Níl leigheas againn ortha, tá seifteanna síos
Nil praghas ar an bhfeoil, is níl seoid ar an ím
A Dhia ghil na Glóire, go dtógair iad dínn
Ní déanach í an mhaitheas uair éigin.   16

Captaein na luaithe ó Bhaile an Ghóilín
Chuir sé dís dá phóilínibh lé tréadaibh
D'órdaigh sé dóibh siúd a ngnó a dhéanamh cruinn
Is iad a chur go bun duimhche 'n Fheiritéaraigh.   20

Do dheánadar comhairle ar an mbóthar aníos
Go raibh tigh an hÓraigh rómpa ar an slí
Nuair a gheobhaidís i dtreo leis go dtógfaidís spraoi
Is go bhfanfadh na ba ar an mbóthar.   24

Nuair a chuadar isteach chun an *landlady* a dhíol
D'árdaigh na *fairies* an bhó leo
Shóinseáil sí athrú datha lé draíocht
Is ní aithneodh aon phílear fé'n gcoróin í.   28

The Ferriter eviction

For an age in this land we have been in distress
As Moses was held by the Pharaoh
When all that we sought was judicial redress
As expressed in his book by Sarsfield.   4

I hope to Christ it will come in the end
Villainous landlords going without rent
O'Brien with authority to administer laws
And Parnell crowned king of all Ireland.   8

For an age under cloud kept down and kept bleak
We can't lift our heads even nowadays
They darken each doorway one day in each week
Seeking their rent or impounding.   12

O what can we do, we have nothing at all
There's no price for meat and the butter is nought
O bright God of Glory, those parasites take
For goodness by nature can never be late.   16

The fireside Captain from Balingoleen[3]
Sent two policemen with cattle for grazing
He told them to act with professional zeal
And drive them to the dunes of Firtayrugh.   20

But they decided on the road coming up
That along their route lay O'Hora's good pub
Outside they would pause for a cheerful good cup
While the herd on the roadside stood waiting.   24

When they went inside the landlady to pay
The fairies they lifted a cow far away
Her markings were altered by magical ways
And no peeler of the crown could know her.   28

D'árdaíodar leo í mar bheadh ceo ag 'meacht lé gaoith
Mórdtimpeall Chruach Mhárthan is Mám Clasach síos
Tá sí i bpáirc leasa a' tál bainne ar mhná sí
Ins a' bhaile tá in íochtar Ó dTórnan.   32

Nuair a dh'éirigh na *Tories* ní bhfuaireadar í
'S is greadaithe an croí bhí 'na ndrólainn
'Chailleamair ár dteideal in oifig an rí
Is an bheatha a sheasódh go deo dhúinn.   36
Nuair a thiocfaidh an máistir, gearánfar leis sinn
Cuirfear ár gcásna i láthair na dlí
Níl éinne d'ár saoradh, tá an saol ar ár dtí,
Is bainfidh siad dínn na casóga.'   40

Ná creidígse a dhaoine, ná gur mallaithe iad pílears
Agus mallacht ó Rí Fhlaithis Dé ortha
Lá ins gach aon tseachtain a' seasamh ar bhínse
A' dearbhú i bhfior 's in éitheach.   44
Níl madra gearra ar an dtalamh gan díol
Níl muc ar an mbóthar ná go dtógaid siad í
Anois muna bhfuil ifreann tuillte ag a mbreed
Gurb ann a raghaidh pílears na hÉireann.   48

A Mhicil 'ic Gearailt, níor mheasas go dti seo
Ná go rabhais carthannach mín mar gach éinne
Ná beadh do dhóirse ar leathadh gach maidean d'éis oíche
Roimh *Orangemen* íochtair na hÉireann.   52
Is measa duit an damh saille úd, do tugadh san oíche uait
A cuireadh a' cómhrac lé fairrge na Carraige Duíbhe amuigh
Slabhraí dá ceangal in achrann líonta
Is do choimeádadar síos í gur éag sí.   56

Is a Churráin an Daingin, is magúil an tslí dhuit
Ná raghadh ins an *League* mar gach éinne
Nár choinnibh aige baile do chapall an oíche úd
Is gan í chur a' tarrac bídh na bhFeiritéarach.   60

Ní hé sin a cheapais ach gur beannaithe a bhís
Is go bhfuighfeá bóthar tríd a' bhfarraige, fé mar a fuair Maois

They swept her away as the wind sweeps the mist
Around by Croagh Vaarhan, down Clasach's steep hill
To a fairy-liss field where shee women milk
In that village far down in O'Dorney.   32

The Tories they searched, but they never found
And their hearts were in deep agitation
'We have lost our entitlements under the Crown
And the living that would ever sustain us.   36
When our master finds out, he will lodge a complaint
And we shall be charged and indicted
There's no one can save us, the world is baying
To our coats we're no longer entitled.'   40

Believe not, O people, in innocent peelers[4]
That a curse from God's heaven may strike them
One day in each week, they stand on the bench
Swearing the truth and the lie as required there.   44
There isn't a dog in the land without fee
The wandering pig is impounded
Now isn't hell well deserved by their breed
May the peelers of Ireland be found there.   48

Now Mikil McGarilt I never thought,
You hadn't that friendship and culture as practised by all
That at the dawn of each day your door was ajar
As a comfort to Orangemen alien.   52
A worse loss to you now is the night-stolen beef
Which fought for her life in the seas of Black Reef
Tied down with strong chains entangled in nets
And they held her submerged till she died there.   56

And Curran of Dingle what an arrogant course
Not to join in the League[5] like the rest
Not to keep your mare in her stall for the night
Instead of hauling food to Ferriter west.   60

That's not what you thought but that you were gifted and blessed
A Moses who'd open the Red Sea to the west

81

Anois táir á heasba, 's is easnamh duit í
Mar an deamhain seachtain ná go dtuillfeadh sí an té dhuit. 64

A Fheiritéaraigh, tá iontas i súilibh na ndaoine
Cár imigh do shaibhreas saolta
Gur fhágais do chúirt is do dhea-bhaile grínn
Ansiúd a bhíodh aoibhneas na hÉireann. 68
An té shiúlódh maidean dhrúchta do dhún 's do dhuimche
Gur chosúil lé feorainn Loch Léin í
Is mar bhárr ar gach moladh sí parthas í
Mar a gcónaíonn na daoine fíoraonta. 72

A Fheiritéaraigh, is dubhach liom do dhún a bheith síos
Ná faighidh tú cead suí anois léd shaol ann
Ansiúd a bhíodh súgradh ag údairibh grínn
Bhíodh caitheamh ar fhíon 's ar thé 'gat. 76
Lucht géim nuair a thagadh, níorbh aistear leo suí
Bhíodh 'stations' ag sagairt ann uair ins an mí
Níl Gael ar an dtalamh ná cloisfeadh do shlí
Ná go bpléascfadh a chroí lé truamhéil duit. 80

Deprived of the mare you now are hardpressed
For each week she'd keep tea on your table.   64

O Ferriter there's amazement in everyone's eye
That gone is your material wealth
Your court lies deserted and your townland of joy
The pleasantest spot upon earth.   68
To walk a dewy morning by your court and your dunes
Was like a walk by the shores of Lough Lane
To crown what I said it was paradise pure
Where dwell the souls of the just and the saint.   72

O Ferriter it grieves me, your court you must yield
Without leave to return there ever
That seat that was festive with wine and with teas
Where sported the witty and clever.   76
Where huntsmen sojourned as an ease to their day
Where a monthly mass was the fashion
What Gael in the land would hear your dismay
That his heart wouldn't break with compassion.   80

'Beauty' deas an oileáin

An gcualabhairse cúntas ar '*Bheauty*' deas an Oileáin
Do tháinig sí chughainn go cúmtha ó Bhaile 'n Chaisleáin
Tharraig sí clú lé criú mhaith fear ar a' dtráigh
Is i bhfoirm na cú, gur lé lúth sea thógann sí an rás.   4

Do tháinig na brútaigh chughainn in aistear thar Mám
Do dhéanadar criú is iad súd do phriocadh as gach áit
Nuair a chuireadar sa tsiúl i gcúrsa fada na trá
Ba chosúil lé bugle an múchadh   8
A bhí a' fiuchaidh 'na mbráid.

Nuair a chonacsa chugham mo *Bheauty* a' teacht orm ó'n Áth
Is iad ag iomar go gleoite i gcomhtharrac léna dhá láimh
Níor chuireas mo shúil dá criú ná go bhfaighidís an lá   12
Mar bhí fear ins an úinsigh a' cúladh, 's an chuid eile a' sá.

Ní ar log na ngéan do déanadh sinne a thraenáil
Ná ar na hoileánaibh rua atá thuaidh fé bhun Imilláith
Ach ar fharraigí thréine a théann des na lachain a shnámh   16
Is nár mhagúil é a dtuairim
Go mbuafaidís orainn sa rás.

Ó fhágabhair fúmsa an *Beauty* a chur insa ghréin
Cuirfeadsa in iúil don ndúthaigh go ndéanfaidh mé é   20
Dhúblódh sí siúl lé colúr do scinnfeadh ó philéar
'S mar bhárr ar a ndúrt, a criú go dtabharfadh sí saor.

'S a Hairtní an ghrinn, guím ort go minic ins an ló
Gura fada go dtéigh do ghéaga geala fén bhfód   24
Dá ngeófá chun mo thíse, bhéarfainn ím duit bainne 'gus feoil
'S lé caitheamh t'réis bídh duit gheofá fíon daor dearg lé n'ól.

Is a Hairtní fáinne óir ar gach órlach de bharraí do mhéar
A mhic na dea-mháthar, nár cáineadh,'s nár féadadh riamh é   28
Mar tá siad á rá, gur tú máistir tofa na saor
Mo chara do lámh dheas, sí an sás í a' déanamh na naobh.

Lovely 'Beauty' of the isle

Have you heard an account of the lovely 'Beauty' of the isle⁶
From Castlegregory she came, a shapely and graceful design
She earned great fame and her crew a great name by the shore
A greyhound in pace, she took the race at an easy touch of the oar.   4

Over the Mawm the heavy-weights came to race
They picked a crew, each man from a different place
When this motley four began to row the long hard course of Fintraw
Like a bugle they wheezed as their lungs were squeezed   8
With every reach and draw.

When I saw my 'Beauty' coming to me on her course from the Awe
And her crew rowing so smoothly in unity at every draw
My eyes never left them till I knew they had won the race   12
The other boat's crew were out of tune without unity or grace.

It wasn't on gooseponds our men practised the oar
Nor on red islands by Imlaw's tideless shore
But on mountainous waves, the wild duck fails to swim   16
O arrogance blind, darkened their mind
To think they could take on the isle, and win.

You asked me to praise and raise the 'Beauty' sky high
I'll prove it to you, I can do it with skill and with pride   20
She could double the speed of a pigeon that flees the shotgun's crack
And to crown it all, in the teeth of a squall her crew she'd land safely back.

O bright Hartney,⁷ I pray many times each day to our God
That it may be a long way, ere your bright limbs go under the sod   24
Should you visit my door, on beef, milk and butter you'd dine
And after the meal we'd break the seal on a bottle of rich red wine.

O Hartney let a gold ring sit on every inch of your hand
The good mother's son never faulted for always the best in the land   28
You are regarded as master, and chosen in the building of boats
O praise to your right-hand, how mighty, what a genius at shaping navogues.

Mo chreach 's mo chás nár ráiníos sa Daingean léd' línn
Go gcrothfainn do lámh lé grá 's lé gealas óm' chroí   32
Bheadh cuileachta bhreá d'ár mbárr 'ge family an tí
Is ní thriomódh an clár nó go dtráfaimís baraille dí.

Do casadh mé ar mo shiúlta go Dún Chaoin tamall de lá
Ní hamhail a bhím im chónaí, ach i gcónaí a' seasamh bhúr bpáirt   36
Ba fhóbair dom scanradh, nuair shamhalaíodar dul ceangailte im' bhráid
Ach d'ainneoin an domhain, tá rogha na bhfear maith san oileán.

T'réis a bhfuil ráite, ní shásaíonn san m'aigne fós
Go gcrothfaidh sibh lámh liom á rá gurb shin achainí a gheobhad   40
Nuair a thiocfaidh an bás, 's gan cáirde 'gainne níos mó
Go dtabharfaidh sibh mo chnámha libh thar sáile, marbh nó beo.

My loss and my grief that in Dingle we didn't meet
I'd shake your hand with delight at the sight of you there to greet 32
What conversation high would fill the house with cheer
And the counter wouldn't dry till we ebbed a barrel of beer.

On my travels I happened in Doonquin for a short pause
I do not reside there but I am always pleading their cause 36
They struck me with terror as a gang of them threatened my life
But I still maintained the best men reside in the isle.

Though all these things are said, my mind is still in unrest
Till you shake my hand as a seal that I'll get my request 40
When death comes a-stalking, and there's no more credit on time
That over the salt water you'll row my bones dead or alive.

Cuilt an oileáin

Ar mo chuardaibh cé mór iad lé sealad
Tré Shasana, an Fhrainc 's an Spáinn
San stáir dom go dtána go Corcaigh
Mar a gcloisinnse fuaim aige báid;   4
Tré mo shiúlta níorbh fhéidir a cheapadh
Go bhfaca riamh aon *bheauty* bhreá
Ach an péarla so a déanadh lé deasa
Sí leathanchuilt nua í an oileáin.   8

Sí an *ornament* bhreá í lé feiscint
An té a thuigfeadh a cúrsaí a léamh
'S is dóigh liom nách éinne a dhéan peaca
Do cheap í, ach fáidh nó naomh;   12
As an bhfráma gur déaneadh í a tharrac
Tá deasa aici ós comhair an tsaoil
Do stiúródh sí árthach ón Turcaigh
Nó go dtiocfadh sí arís gan bhaol.   16

Is í siúd an pátrún cuilte
Ná tuigid siad scoláirí léinn
Is gach brainse de ghéagaibh na coille
Tá ar sileadh ins gach cúinne léi;   20
Is cosúil í an bháb leis an mbruinnill
Do dhéan muilte as a meabhraíocht féin
Nó an feall-each do dearnadh lé gliocas
Thug scriosadh gan trua don Trae.   24

Tá iontas ar údaraibh maithe
Cé tharraing a sórt sa tír
Tá púirteanna is cúirteanna geala uirthi
Airm agus fórsaí an Rí;   28
Tá an smóilín, an faoileann 's an eala uirthi
Ag cantain 's ag déanamh grinn
Is cáilíocht ó phárlaimint na Sacsan
Don ainnir do dhearna í.   32

The crafted quilt of the isle

I have spent a long time on my travels
Through England, through France and through Spain
On that circuit, I swept into Cork
Clangorous with ships under sail;   4
On my travels I do not imagine
Any splendour I saw in my time
But this jewel that was crafted of fashions
This double-width quilt of the isle.   8

What an absolute splendour to view
When her designs are on show and explained
These concepts came not from a sinner
It must be a prophet or saint;   12
The frame on which it was laid
Has designs for all to regale;
Its stars could a ship navigate
From Turkey, and return again under sail.   16

The obscure designs on this quilt
Leave learned men in confusion
Each corner has pendulous branches
Reflecting nature's profusion;   20
This lady is just like the woman
Whose intellect designed the mill-wheel
Or Ulysses' clever deception
By which the Trojans' fate was sealed.   24

A source of wonder to scholars
Who designed such splendour here
With ports and bright courts embellished
Armies, and Royal Grenadiers;   28
The thrush, the gull and the swan
Are here, tuneful and sportive and bright
The parliament will grant her a title
For creating such a source of delight.   32

Barr ceirde lé chéile don ainnir
Do tharraing an *bheauty* bhreá
Tá bua 'ci ós cionn draíochta ar an dtalamh
Is deasa nách féidir a fháil;   36
Níl aon *lady* aca atá a' dul gan leanbh
A luífeadh ina clúid go lá
Ná go bhfaigheadh sí siúd oidhre dá fear ann
Is athló ar uair a báis.   40

Tá brainse nua ceirde ar an mbaile
Ná feacathas fós sa tsaol
Chuirfidh iontas ar shúilibh na bpeacach
Is a mhairfidh go bráth don gcléir;   44
Nách aoibhinn an gnó é don ainnir
Is nár thug sí riamh lá lé ceird
Ach lé bárr a dea-mheabhraíocht 's a gliocais
É bhriseadh ina láimhín féin.   48

Is dóigh liom ó aimsir Rí Philib
Nár déanadh a sórt sa tsaol
Ná pláinéad chomh breá léi ná feacadh
Ó ceapadh an ghrian 's an ré;   52
Tá *diamonds* go greidhneach ag amharc
Go greanta ar a ciumhais go léir
'S an dubh-bhrat a bhí ag Dúlaing in am catha
Is é ag treascairt go tréan na laoch.   56

Ní foláir liom nó fáidh í 'tá tofa
Gan dochar ná smáilc 'na déidh
Is pláinéad chomh breá léi a fháil ullamh
I gcomhair solais a thabhairt don saol;   60
Sé a deállramh nár tháinig ar an dtalamh
Chomh fada is tá an saol riamh ann
Ach an tslat a fuair Maoise ina dhorn
Dá chosaint ó bhaol a namhad.   64

Is ó tháinig Maois ar an dtalamh
Níor ceapadh aon phláinéad grinn
Ag fáidhí, ag pápaí ná ag easpaig

Her mastery and skill are unmatched
As shown by the quilt's design
She has skills not gifted to humans
And artistry that can't be acquired;   36
Each lady childless and barren
Should she sleep in the quilt till dawn
Would conceive an heir for her lover
And the hour of her death withdrawn.   40

There is a new branch of art in the village
Never yet seen on earth
It astonishes the priest and the sinner
It's spoken of at every hearth;   44
What an amazing gift has this woman
Who never learned her trade
Only natural genius and skill
Are the wonderful gifts of the maid.   48

I think since the time of King Phillip
Such wonders have never been done
Such a planet has never been seen
Since the creation of moon and sun;   52
Diamonds are shining with sparkle
Ornamenting all round its frills
And the black cloak of Dulaing⁸ in battle
As he vanquishes all and kills.   56

She is surely a prophet that's chosen
Sinless, perfect and right
To devise a planet of beauty
Which would give the world delight;   60
Never since the creation
Was a parallel wonder on earth
Except the rod that Moses was given
To shield his people from dearth.   64

And since the coming of Moses
There have not been such wonderful things
Created by prophets or popes or bishops

Ná mar mheasaim i bpálás rí;   68
Chomh hiontach léi i súilibh an pheacaigh
Is caithfead é a rádh dá bhrí
Gur de réir stiúraithe ó údar na beatha
Tá an ainnir do dhearna í.   72

Ní foláir liom gur fáidh í tá tofa
Gan dochar ná smáilc sa tsaol
Is pláinéad chomh breá léi fháil ullamh
Chomh hobann ar fhrámaí déil;   76
Tá comhcheart ina ciúmhais is ina ceannaibh
Ón ainnir a bhuaidh barr sa cheird
Lé snáithín den gcáimbric cailce
Ón nDaingean, is snáthad chaol.   80

Tré ghrástaibh a ráinigh í a tharrac
I gcleasa thar barr gan dabht
Is nach draíochtach é íntleacht an duine
Nó conas? Cá bhfuair sí an mheabhair?   84
Léigheann sí siúd léann agus Laidean
An tsalm go bínn 'na ndeabhaidh
Na créithre seo a dhéanann na beacha
Cé dhalann san scoláirí an domhain.   88

Lé léigheamh díbh ar thréithibh na cuilte
Tá deasa aici is buanna thar barr
Níl aon bhean fé aos a cúig fichid
Ná cuirfeadh sí a cíocha a' tál;   92
Níl aon díobh a bheadh i bpéin linbh
I ngalar ná i ndeállramh báis
Go mbualfaí ar a cluais í go maidean
Ná preabfadh 'na suí suas slán.   96

Seo dea-cháil díbh ar ráite na cuilte
Mar a mheasaim is fiú í fháil
Sí an t-iontas is mó í ar an dtalamh
Ón uair a dhein Noah an Áirc;   100
Tá píosaí den tsleamhaintsíoda ina ciumhaisibh
Is *middlepiece* daor ón Spáinn

Nor even in the courts of kings;   68
This quilt is a wonder to mortals
And I must admit it perforce
It is only by God's ordination
That the maid has taken this course.   72

She is surely a prophet that's chosen
Sinless and perfect and good
To devise a planet of beauty
On frames of red deal wood;   76
There's proportion in all her dimensions
From this genius that's unsurpassed
With white cambric thread from Dingle
And a needle of the finest cast.   80

Divine grace allowed this design
Supreme in the subtlest arts
How magical the mind of this human
Where? How did she learn all that?   84
She reads scholarly books in Latin
And sings the psalms so nice
She understands the bees and the beeswax
Which has mystified all the wise.   88

Let me read you the gifts of the quilt
Of what arts and what powers it's possessed
For any woman under a hundred
It can spring milk again in the breast;   92
The woman in the pains of labour
The diseased and those staring death
The quilt o'er their heads until morning
Will raise them up in full health.   96

Here's more about the quilt's wonders
I ask you all to hark
It is the most remarkable wonder
Since Noah made the Ark;   100
There are pieces of smooth silk round its borders
And a middlepiece dear from Spain,

Go dtabharfadh sí radharc dos na dallaibh
Chun amharc na spéartha a dh'fháil.						104

D'fhonn grínn ins an tír seo ina bhfuilim
Is ea ceapadh an dán go léir
D'fhonn cuilt Bhaile Reó a chur den mapa
Is nách fada mé ag foighneamh léi;						108
Mo thuairim a bhuachaillí an Daingin
Bhúr gcluasa nuair a cuirfear díbh é
Lé croí glan go líonfaidh sibh gloine
Don bhfile, is gur fiú dhíbh é.						112

It can bring back sight to the sightless
They may see the heavens again. 104

It was for the joy of the townlands
I these verses made
And to eclipse the quilt of Ballyroe
Which I had long to tolerate; 108
And now you boys of Dingle
When you hear of a quilt of class
You will celebrate the poet and the poetry
And fill to the brim my glass. 112

Tobac

Ar maidin Dé Sathairn
Do chonac an srathaire
A phíp ar lasadh aige
Is é ina shuí;   4
Do shuíos in aice leis
Bhíos go ciúin is go cneasta leis
Lorgaíos blúire ar mhalairt air
Nó gal den bpíp;   8
Ní hé sin a measadh do
Ach gurb amhail a chreachfainn é
Is go mb'fhéidir ná mairfinn
Leis na fiacha a dhíol;   12
Ach ní har mhaithe leis
Ná go dtabharfainnse ainm air
Ach gur bhain fir mhaithe leis
A chuaidh an chill.   16

Tobacco

On Saturday morning
I saw my man
His pipe alight
As there he sat;   4
Beside him I sat
Benign and quiet
I asked the loan of a tobacco splice
Or perhaps instead a puff of the pipe;   8
The way he received it
The arrangement would fleece him
Sure I might suddenly die
Ere the debt was paid;   12
It's not for his sake
That I wouldn't name him
But that great men belonged to him
Who are in the grave.   16

Mícheál Ó Gaoithín
Mícheál O'Guiheen

M'anam beidh i leabhar

Táim go huaigneach sa ghleann
Is gan agam ann ach cat bán
Marach an gradam a thugas dom pheann
Ní mhairfinn ann bliain amháin.   4

Ní fuascailt do dhuine dúbhach
Bheith i bpriosún mar táim
Ach pé faid a bhead im chime ann
Ní chaithfead an t-am amú.   8

Im chuimhnte tá mo ghreann
Im pheann atá mo bhrí
M'anam beidh i leabhar
Is fanfaidh ann de shíor.   12

Labharfad lé cách is mé fé cheilt
Mar a bheadh duine den dtreibh síorraí
Cluinfear mo ghlór as bheol chách
Is trí bheol chách a bhead ag tíocht.   16

Ní bhfaighidh mé choíche bás
Cé go gcuirfear mé fé bhrat bán don chill
Ní chuirfear ann ach mo chorpán
Beidh mo ghuth fé bhláth ó aois go h-aois.   20

My spirit in a book shall live

Lonesome I in the glen
A white cat my company
Only for my pen
I would not survive the year.   4

There's no relief for a mind dejected
In imprisonment such as mine
However long this sentence lasts
I shall not waste the time.   8

Remembrance is my only joy
Through my pen my vigour streams
Into a book my soul shall flow
There forever to be redeemed.   12

I'll speak to all but remain invisible
As a spirit of the dead
From other mouths will come my syllables
Through other mouths I'll be expressed.   16

I shall have eternal life
Though a white shroud my body cages
Only my corpse lies in the grave
But my voice shall flower throughout the ages.   20

An óige

Lig dom dearcadh ar an óige
Lig dom a glóire do bhrath im chroí
Ó nách milis í is nách gleoite
Nil seoid, dem dhóigh, is fearr ná í.   4

Féach mar gháireann sí ós mo chomhairse
Gáire nách fóireann ar chuaile chríon
'Bhíos-sa cheana agat,' do chan sí de ghlór lag
'Ach ní gheobhad id bhóthar go bráth arís.'   8

Ní ghaibheann an aois aon ghreann den óige
Tá a rian is a mbóthar ar mhalairt slí
Nuair a chaileann an bile a mhaise is a chlóchruth
Is beag air nósa leanabhaí.   12

I dtigh fé sholas is folas fós dom
An brainse córach, cé gurb aisling í
Ag caochadh súl orm is ag damhas go nósach
Dob í seo an óige do bhí seal fém chuing.   16

B'aoibhneas liomsa an ghile chórach
Cé ná fuil dul níos mó agam ar theacht ón aois
Tá mé ceangailte ag cailligh chróndubh
Is níl leigheas dom cheo anocht i luibh ná ag liaigh.   20

Braithim draíocht na hoíche im scóladh
Braithim cúmhacht nár bhraitheas riamh
Ag réabadh glais is ag oscailt dóirse
Ag tómhach an bhóthair soir is siar.   24

Casadh timpeall is ríl-ó-ró dom,
Rud nárbh eolach dom lé bliain
Mise ag dul ar scor leis an óige
Cé déarfadh gur chóir dom a bheith gan riail.   28

Youth

Allow me to glimpse youth again
Let her exuberance my heart caress
All that sweetness, all that beauty
The brightest jewel of God's largess.   4

Look how she laughs in my presence
A laugh that's no ointment for old bones
'You held me once,' she spoke so softly
'But I shall pass your way no more.'   8

Age does not share in youthful joys
They each move in their own sphere
When the handsome fade, in stance and visage
Youthful plays then disappear.   12

In a lamplit house, I have clear vision
Of a willowy branch, a dream sublime
Of the coded wink flashed through the dancing
O she was the youth that once was mine.   16

A delight to me was the fair and slender
I may no longer roll back the years
I am now bound to dark-brown sea hags
No herb or medic can ease my fears.   20

I sense the mysteries of night as torture
I perceive a power till now unfelt
Bursting bolts, opening doors
Trenching roads, east and west.   24

Should I swing around, my head is dizzy
A thing unknown for over a year
For me to join in actions youthful
How could I, without compass, steer.   28

Maidean bhreá

Maidean aoibhinn is an drúcht 'na shlaodaibh
Is lonradh an lae ghil ag teacht go breá
Do bhíos ag taisteal ar bhánta réghlas
Go dtógfainn aer tais na mara im bhráid.   4

Do shuíos-sa síos ar bhínsín féir ghlais
Is do bhíos ag féachaint ins gach uile áird
Bhí draíocht im thimpeall, má bhí ar éinne
Ag ceol na n-éan is ag radharc na n-oileán.   8

Ba chuma nó loch an mhuir mhór bhraonach
Ó fhíor na spéireach go lag na trá
Ar bhárr gach beann bhí a bhanda féin air
Mar a bheadh fáinne néamhrach ar mhéir ógmhná.   12

Bhí an ceo 'na shíoda, 'na líntibh caola
Is, dob fhearr ná aon rud, bhí na héisc ag snámh
Ar linntibh mara annsúd 'na slaodaibh
Ach fóraíl ghéar! Cá raibh na báid?   16

Bhí an fiach mara 's a scrogall caol dubh
Mar a bheadh buidéal ar an uisce ag snámh
Bhí na faoilinn gheala sa tiomáint shaolta
Ag stracadh an éisc is á shlogadh slán.   20

Bhí brat nóiníní 'na luí gach taobh díom
Ar bhánta réghlas' ansúd ag fás
Bhí boladh na meala ós na cnoic ag téacht chugham
Bhí na beacha féin ann, is na peidhleacáin.   24

Bhí an damhán alla ar bhruach na scéimhe
Ag sníomh a théide – is do nár chás
Bhí an chuileog gafa is a cúram déanta
Is ag dul di léimeadh léna dhá sciathán.   28

A beautiful morning

On a beautiful, dew drenched morning
The luminous dawning shone bright and fair
Through green lea meadows I was walking
To scent the ocean's soft gentle air.   4

On a green grassy bank I rested
There a panorama for the eyes
I sat by beauty's spells invested
Spells of birdsong and sea-washed isles.   8

The expansive ocean was like a lake
From the far horizon to the tidal rim
Each mountain held a band of haze
As a maiden's hand bears a sparkling ring.   12

The haze in shimmering delicate sundance
And to crown it all, there the shoaling fish
Breaking surface in a seething wild abundance
Alas, where are the boats off Beginish?   16

The cormorant's long black slender neck
Bobbing upright like a bottle on the tide
The seagulls in a feeding frenzy
Tearing and gulping the fish alive.   20

A carpet of daisies spreads around me
On that soft green meadow, on every side
The scent of honey wafted towards me
There the bees and the butterflies.   24

At the cliff's edge the wily spider
Was spinning his cable in his own good cause
The fly was captured and sure to die there
Its wings disabled in the spider's gauze.   28

Ní hionadh liomsa gur throid na tréinfhir
Don dtír ghlas, Éirinn, atá inniu fé bhláth
Is de réir mar mheasaim, lé hamharc lae inniu
Is í plúrscoth béithe, ár gcailín bán.   32

A Dhia, go neartaír lé lucht a saortha
Chun a glais a réabadh is a saoirse a dh'fháil
Mar is tú a mhaisigh an tír mhín réidh seo
Is gach uile chraoibhín dá bhfuil inti ag fás.   36

Peig Sayers

No wonder men of action fought
For this green land, now in its prime
For I see by this glorious splendour
That our fair maiden wins the prize.   32

Lord strengthen those of the liberation
Who smashed her shackles and made her free
Lord she is all of your creation
Down to its very smallest tree.   36

Mícheál Ó Guiheen

Ciúnas i gcom oíche

Ciúnas i gcom oíche
Is gleithreán gaoithe i measc na gcraobh
Uaigneas, is diamhaireacht is coífeacht
Sin iad mo mhaoin-se ar feadh mo shaoil.   4

Síoraíocht an oíche dhomsa
Ag gluaiseacht go ríghin réidh
Uch, nach ioma cuma go dtagann tuirse
Ar ansacht an duine a bhíonn leis féin.   8

Síos suas is ea saol an duine
Seal lé só, seal lé péin
Ag titim buille ar bhuille
Is ag dul ar fainne céim ar chéim.   12

Ní dhomsa is dual an saol so d'fhuirseadh
Ná ní dhom is dual é chur i gcéill
Níl mo bhuannaíocht ann buan, ná ciste
Is rud do fuaireadh ar iasacht é.   16

Molaim an t-uaigneas, cé gur cruaidh a bhuille
Is tréna bhua go bhfachtar séan
Sa chroí duairc a bhíonn á chlipeadh
Má cuirtear suas leis dá ainneoin féin.   20

Do chonacsa saol a bhí lán de dhuairceas
Cé gur dealbh, monuar, mé inniu dá éis
Gach cara caoin do dhéanfadh trua dhom
Do tógadh uaim iad géag ar ghéig.   24

Do deighleadh mise amach ón gcuallacht
Uch! is trua mar a dearnaíodh é
Do bronnadh orm ar son an duaircis
An tseoid is uaisle dá bhfuil fé'n ngréin.   28

Silence at midnight

The palpable silence of the midnight
The rustle of leaves in the breeze
Seclusion, dark mystery, reclusion
Has been my lifelong disease.   4

An eternity for me is night
Dragging by at snail's pace
The geniality of a man alone
Is blighted in many different ways.   8

Man's life is spent in loss and gain
Days of prosperity, days of pain
Bending with the passing years
Step by step the vigour drains.   12

The mysteries of the world I do not tease
To deep philosophy I do not own
Impermanent here my tenancy and my lease
No possession, but a short-term loan.   16

Of solitude I approve, though cruel its stroke
A tranquillity it holds by its own grace
For the gloomy and tortured soul
Tolerance guides it in redemption's way.   20

I have seen a life full of dolour
Though penniless I stand when all is done
Every gentle sympathetic soul mate
Was taken from me one by one.   24

I was divorced from my supporters
Alas that this was done
In return for all this loading
I was gifted the noblest treasure under the sun.   28

Maise agus bláth an duine

Bíonn bláth ar gach bile
Nuair a chasann an samhradh ar theacht
Is bíonn bláth ar an nduine
Nó go ndeineann an t-aos é a lot.   4
Mo mhairg, ní fiú bheith ag rómhar
Ná fós ag réabadh chlas
Mar is cosúil lé cú sa tsiúl
Ár saol-na ag teacht.   8

Mo chumha, mo mhilleadh
Mo thuirse, mo léan, mo mheath
Mar a chailleas an mhire
An fuinneamh, an lúth 's an neart.   12
Mo scéimh gur imigh
Is an luisne a bhí im ghné gur chaith
Is gur claon é an duine
Ná seachnaíonn baois gach beart.   16

Nuair a dhearcaim rómham
Níl ach cóngrach slí ar fad
San am gur chóir dom
Seoladh cruinn isteach   20
Bíonn néalta bróin ins gach treo
Mar a bheadh scaoth bheag beach
Ag bagairt deor gach ló
Is caol na hoíche ag teacht.   24

Beauty and flower of man

Every bush comes into bloom
With the summer sun's ascension
Every man comes into bloom
Until age and time's declension.   4
Alas, it's not worth spading ground
Ever trenching, spading
For like a speedy racing hound
Life moves towards its fading.   8

My sorrow, my destruction
My exhaustion, defection and failing
I lost my speed, my vigour
My action, and felt my strength fading.   12
My visage has changed
The blush has lost its attraction
Perverse is the man
Whose wantonness masters his action.   16

When I look ahead, I see
A shortcut straight to the end
At a time when I know that I should
Plain sail without a bend   20
Dark clouds of sadness gather
Like a little swarm of bees
Each day threatens tears of sadness
And the darkness offers no peace.   24

Sa ghleann uaigneach

Im aonaránach do fágadh mé
Gan baile, gan dún, gan áit
I ngleann dubh duairc gan suairceas
Gan tormainn ag an slua mar ba ghnáth.   4

Do scriosadh mé óm chuallacht
Ba bhinn, ba shuairc, is ba mhaith tráth
Gach fear aca is a chroí go glan
Ag seasamh a chirt do chách.   8

Is easpa liom a bheith dá lua
Lé linn na hoíche theacht im dháil
Mian mo chroí a bhfeiscint chugham
Mar is mó cúis atá leis is fáth.   12

In áirnéis an tsaoil seo, níl mo dhúil
Ní hé dar liom is fearr
Uch, nach mise a bhí mar rí
Nó gur chailleamair triath is táin.   16

In this lonesome glen

Hermit-like I stand deserted
Bereft of home, of shelter, and of place
In a dark gloomy and joyless glen
Without human bustle or wonted pace.   4

I was ripped from my companions
So able, so cheerful, so good
Each one so clean of heart
One for all and all for one.   8

My sense of loss increases with the telling
As dark night nearer and nearer draws
Their return is the chief desire inside me welling
This desire has many a root and cause.   12

Worldly goods I do not myself pursue
For such a course is not without its cost
O wasn't I the king with retinue
Till both chieftain and his followers were lost.   16

Maurice O'Sullivan author of Twenty Years a-Growing *holds the accordion, beside him sits a youthful Mícheál O'Guiheen*

Mícheál O'Guiheen's cottage, Dún Chaoin, 2003

Appendix 1

Fiants of Queen Elizabeth 1

Fiant 2482. Pardon to (blank) Knight of Keary, (blank) Feleterache of Ballysebele ... (blank) M'Dowyll of Ballyvicdowyll ...

Feleterache is the Elizabethan scribe's attempt to phonetically write the name 'Feirtéarach' (Ferriter).

Fiant 6494. Pardon to Edm. Feryter alias Firyter, of Ballisible, Nich. Firiter ... John fitz Nich. Trutt of Dingle, merchant, Mellrona M'Edeill of same, Donell M'Edeill of Ballim'edeill, Edmund M'Edeill, his son ... Nich. Dall, of Ratoo, harper ...

'Fiants' were the warrants to the Irish Chancery directing the issue of letters patent under the great seal. The word derives from the formal Latin phrase *Fiant Litterae patentes* ('Let letters patent be issued').

Letters patent covered a wide variety of matters, e.g., leases, grants of land, appointments, and of course pardons from the crown for various misdemeanours.

Source: *The Irish Fiants of the Tudor Sovereigns.*

Appendix 2

Explanatory notes to 'My desolation and my lifelong woe'

Line 2 'noble Kerry' signifies the family of the Knight of Kerry.

Line 4 Maurice, son of William Fitzgerald, Knight of Kerry 1595–1640. The Fitzgeralds were supposedly related to the Gerardini Family of Florence.

Line 14 Banshee or fairy woman. Only those of noble blood-lines were lamented by the banshee. See lines 29–32.

Line 17 Áine (pronounced Awe-in-e) was a pagan goddess of Munster. Knock Áine or Áine's mountain, is distinctive in that it is a single hill rising from the surrounding level plain, close to Lough Gur, Co. Limerick.

Line 18 Lough Gur: a fairy (shee) lake close to Knock Áine, once fortified by Vikings, and later by the Norman Fitzgeralds.

Line 19 Glin-ogra: Two kilometres west of Lough Gur famous for a battle between the Fitzgeralds and the Thomond O'Briens. The place is also associated with the Earl of Desmond's (Fitzgerald) rebellion against Elizabeth 1 in 1580.

Line 20 Shanid: a Fitzgerald castle near Shanagolden, Co. Limerick. Photograph on page 18.

Lines 21–24 Oghill(Youghal), Mogeely, Ee McCaille(Imokilly), Cahir Mona, Kinawlmakey. These are baronies and territories in Co. Cork, closely associated with the Norman-Irish Fitzgerald nobility.

Lines 33–36 Doon Chaoin, anglicised as Dunquin, is the mainland opposite the Great Blasket. Dún an Óir (pronounced as Doon-an-ore), close to Ferriter's castle in Ballyferriter, was the site where three hundred Spaniards were executed in 1580.

They had landed in support of the failed rebellion of the Earl of Desmond (Fitzgerald). Ennismore on the river Feale, near Listowel, was a castle belonging to the Knights of Kerry.

Lines 37–40 Slieve Mish and Brandon are the two dominant mountains of the Dingle Peninsula. Slieve Mish takes its name from a queen of the Tuatha (Thooha) Dé Danain, and Brandon is associated with St Brendan the navigator. The Reeks of Tuatha (Thooha) are dominated by Corawntoohill in the Iveragh (Ee-vraw) peninsula.

Line 53 Owenaght: a poetic name for the province of Munster, a province then dominated by the Fitzgeralds of Desmond, and the O'Briens of Thomond.

Line 194 Goll MacMorna (More-na): A great warrior of the Fianna.

Appendix 3

Explanatory notes to 'Welcome to him who fosters noble action.'

Line 5 Mac a'Daill: pronounced Mak-a-Dueel. The Mac a'Daill family held their lands at Bally-vic-a-Dueel, now anglicised as Burnham, situated over Dingle harbour. The name features in the Fiants of Elizabeth I in Appendix 1.

Lines 25–28 Máine (pronounced Maw-ne), a powerful chieftain, and son of a famous and powerful king, Niall of the Nine Hostages. Laoghaire: pronounced Lae-ir-e. Brian is probably Brian Boru, high king, killed at the battle of Clontarf in 1014. Corc: king of Munster. He built his seat on the Rock of Cashel.

Lines 29–32 Freamhain: a hill in Co. Westmeath. Dananawn is a mystical woman with powers of enchantment. Daughter of Mananawn: a descendant of Mananawn Mac Allod of the Tuatha Dé Danain (Thooha-Day-Dannin).

Line 58 Saul: David (of Goliath fame, and later king of Israel), played a harp to lift the spirits of king Saul.

Line 61 Mongawn and Mac an Daghda: Mongawn king of Ulster, and skilled in music, and musical instruments. Mac an Daghda: son of Daghda, of Tuatha Dé Danain

Line 65 Nicholas Dall: a famous harper of Ratoo in North Kerry, mentioned in the Elizabethan Fiants in Appendix 1.

Appendix 4

Explanatory notes to 'I have heard news that agonised me by day.'

Line 9 Fola: a poetic name for Ireland

Line 24 Many were transported to the sugar plantations of the West Indies, as bonded labour.

Line 29 Toohal (as pronounced), Felim and Conn of the Hundred Battles: three kings of all Ireland famous for valour and military prowess.

Lines 33–36 Art: son of Conn of the Hundred Battles and king of Ireland for thirty years. Olil Olum was a famous king of Munster.

Line 37 Owen: Son of Olil Olum and a king of Munster like his father. Banba: a poetic name for Ireland. Owenaght is a poetic name for Munster.

Lines 45–48 Brian Boru (pronounced Bow-rue), crushed Viking power at Clontarf in 1014. His son Murrougha (pronounced Murr-ugh-a) was also killed at Clontarf.

Lines 65–72 These are poetic names for the land of Ireland.

Line 96 'Ite' 'Vade': the Latin terms for 'Go' and 'Come'. The terms show the state of subjection to which the Irish nobility had been reduced by the Cromwellians.

Notes

1   The barony of Duibhneach, now the Dingle peninsula.
2   The court case that followed is mentioned in Robin Flower's *The Western Island*.
3   A placename Anglicised as Burnham where Lord Ventry resided.
4   Policemen
5   The Land League
6   The Blasket boat (navogue) and crew, defeated all comers at Ventry Races.
7   A famous boatbuilder from Castlegregory.
8   A young warrior with Brian Boru at the Battle of Clontarf 1014.

Tomás Ó Crohan's house on the Great Blasket, 1937
L to r: Tomás Sheáisí Ó Cearnaigh, his brother Seán, Lís Mhicil Uí
Shúilleabháin and Seán Ó Criomhthain (son of Tomás Dhónaill)

Looking from the Blasket towards Piaras Feiritéar's Dún an Óir, Ballyferriter